첫째 딸로
태어나고 싶지는
않았지만

THE ELDEST
DAUGHTER EFFECT

THE ELDEST DAUGHTER EFFECT

: How First Born Women — like Oprah Winfrey, Sheryl Sandberg,
JK Rowling and Beyoncé — Harness Their Strengths
by Lisette Schuitemaker & Wies Enthoven
First published in the USA by Findhorn Press, an imprint of Inner Traditions International,
Rochester, Vermont.
Copyright ⓒ Lisette Schuitemaker & Wies Enthoven, 2015/2016
Korean translation copyright ⓒ Galmaenamu 2018
All rights reserved.
This edition published by arrangement with Inner Traditions International,
through Shinwon Agency Co., Seoul.

+
리세터 스하위테마커르,
비스 엔트호번 지음

이상원 옮김

첫째 딸로
태어나고 싶지는
않았지만

+

큰딸로 태어난
여자들의 성장과
치유의 심리학

갈매나무

2부 첫째 딸은 왜 당당하고 따뜻할까? – 맏딸의 성격

"첫째 딸로 태어나길 잘했어."– 맏딸의 성장과 치유

맏딸의 내면을 이해하기 위해

우리 둘은 벌써 30년 넘게 친구로 지내고 있다. 한 명은 키가 아주 크고 다른 한 명은 아주 작다. 그리고 한 명은 두 아이 엄마이고 또 한 명은 자녀가 없다. 이렇게 외모가 전혀 다르고 삶의 방식도 다르지만 우리는 서로가 아주 비슷하다는 결론에 도달하곤 했다.

우리는 둘 다 맏딸이다. 가족 내 맏딸이라는 점이 우리 모습에 얼마나 큰 영향을 미쳤는지 깨닫는 것은 놀라운 일이었다. 맏딸이라는 렌즈를 통해 우리 둘의 공통점을 바라보기 시작하자 전 세계의 맏딸들과 공유하고 있는 특징들이 드러났다. 나아가 맏딸이라는 출생 서열 문제를 파고들어 그 효과에 대한 책을 쓰자는 아이디어도 떠올랐다. 가족 내 서열이 미치는 평생의 효과에 대해 관심이 커지는 상황이긴 하지만 우리가 아는 한 맏딸들이 직접 맏딸에 대해 쓴 책은 이것이 최초이다.

우리는 맏딸들이 서로 비슷하다고 감히 주장한다. 많은 면에서 맏딸들은 자기 동생들과 닮은 점보다 오히려 다른 맏딸과 닮은 점이 더 많다. 물론 누구나 각 개인은 고유하고 특별한 존재이다. 그럼에도 불구하고 맏딸은 특별한 한 범주라 말하고 싶다.

이 책을 통해 우리는 맏딸이라는 위치의 장점을 찾고 우리 맏딸들이 얼마나 놀라울 정도로 비슷한지 드러내고 싶다. 사고방식과 감정, 행동 등의 공통점을 밝히고 싶다. 이들 공통점은 어린아이 때부터 만들어지기 시작해 깊숙이 자리 잡게 된 것이다. 즉 몸의 움직임 하나하나에 부모님의 감탄을 자아내며 여왕으로 지내다가 어느 날 갑자기 동생이 태어나 왕좌를 물려주고 맏딸이라는 위치에 놓이게 되었던 때부터 만들어진 것이다.

맏딸들이 들려준 이야기

연구를 시작하면서 우리는 맏딸을 위한 행사를 조직했다. 2014년 3월 네덜란드 암스테르담에서 열린 '맏딸의 날' 행사에는 100명도 넘는 여성들이 모였다. 생전 처음 만나지만 마치 동창회 같은 분위기가 만들어지지 않을까 했는데 정말 그렇게 되었다. 코트를 팔에 건 여성들이 활기찬 대화를 시작하자마자 우리는 뭔가 특별한 일이 일어나고 있음을 느꼈다. 경험담을 끌어내기 위해 기획된 워크숍에서는 이야기가 끝없이 샘솟았다. 평생지기라도 만난 듯 여성들은 자기 이야기를 털어놓았다. 맏딸로서 담당했던, 그리고 담당하고 있는 역할이 삶에 어떤 영향을 미치는지에 대해 들으면서 행사를 기획한 우리들은 모두 감동하지 않을 수 없었다.

뒤이은 몇 주, 그리고 몇 달 동안 우리는 그 행사에서 얻은 귀중한 자료에 파묻혔다. 우리는 맏딸 출신이자 교수이고 베스트셀러 작가인 브레네 브라운Brené Brown이 사용했던 연구 방법론인 근거이론Grounded Theory의 단계를 밟아나갔다. 질적 데이터를 체계적으로 처리하는 이 방법론은 가설을 세우고 증거를 찾는 대신 원 자료를 최대한 그대로 활용하는 새로운 접근법이다.

근거이론의 기본 개념은 가정이나 설익은 이론이 줄어들수록 연구 주제 관련 진술을 더 열린 마음으로 대할 수 있다는 것이다. 이 방법론에 따라 대화를 범주화하고 발견한 결과의 순서를 정리하면 유형이 나타난다. 반복되는 이야기 형태가 드러나는 것이다. 이렇게 사람들의 일상 경험에서 나온 형태와 유형이 이론의 근거가 된다. 그리고 데이터를 기반으로 이론이 구성되고 나면 관련 문헌이나 선행 연구를 통해 검증하거나 보완하는 작업이 뒤따른다.

그리하여 우리는 맏딸들이 해준 이야기에서 주제 목록을 길게 뽑아내 들여다보기를 매일 반복했다. 어떤 유형이 나오게 될까? 자료 재분류를 반복하던 어느 날 마침내 일관된 이미지가 모습을 드러내기 시작했다. 근거이론이 효과를 발휘한 것이다. 자료 속에서 우리를 바라보고 있던 것이 눈에 들어왔다. 정도의 차이는 있다 해도 맏딸들이 다 언급했던, 그리고 동생들이 맏딸에 대해 말했던 다섯 가지 주된 자질이 정리되었다. 일단 다섯 가지 자질을 찾고 나자 나머지도 정리되었다. 이 책이 맏딸들에게 전형적으로 나타나는 다섯 가지 자질을 중심으로 구성된 까닭도 여기 있다.

이어 우리는 문헌과 온라인 자료를 통해 우리 연구 결과를 보완하는 작업에 들어갔다. 출생 순위의 영향에 대한 심리학자들의 저서를 열심히 검토했다. 출생 순위가 지능에 영향을 미친다고 결론 내린 연구도 찾아냈다. 우리가 발견한 바로 그 자질로 자기 인생을 개척해나간 맏딸들의 자서전도 읽었다. 분명한 그림이 그려질 때까지 우리는 우리 자신의 경험, 다른 맏딸들의 이야기, 저명한 심리학자들의 저서, 기타 자료들을 계속 파고들었다.

맏딸들은
무엇이 비슷할까?

한 인간의 삶이 다른 모든 요소를 배제한 채 어느 한 요소로만 결정된다고는 절대 말할 수 없다. 어디서 태어났는지에 따라 빵, 차파티, 파스타, 쌀 등으로 주식이 달라진다. 어느 시대에 태어났는지는 긴 가운을 입을지 청바지를 입을지를 결정한다. 부모가 어떤 일을 하는 누구냐에 따라 유전자가 고유하게 조합되고 성격이 형성되기도 한다. 다양한 요소가 우리 삶에 작용한다. 하지만 최근까지도 출생 순위의 영향력은 심리학에서 충분한 관심을 받지 못했다.

우리 작업은 출생 순위에 대한 후속 연구의 필요성을 보여준다. 우리의 작업을 통해 개인 특성이라고만 여겨지던 자질들이 실은 맏딸에게 공통된 것이었음이 드러났다. 남다른 책임감, 리더 성향, 실수에 대한 두려움, 비판에 대한 취약성, 자신을 희생하면서까지 남을 보살피는 경향 등은 맏딸들 모두가 전형적으로 드러내는 특징이다. 이를 바탕으로 맏딸들은 일을 능숙하게 처리하는 성실한 여성으로 성장한다.

맏딸들이 공통적으로 지니는 이러한 자질들을 보면서 맏딸 독자는 해방감을 느끼게 될지도 모른다. 자기에 대해 더 잘 인식하게 될 경우에는, 즉 자기 행동 아래 깔린 자질을 인식하고 나면 선택의 여지가 생긴다. 늘 모든 일이 제때 제대로 이루어지기를 바랐던 이유를 알고 나면 향후 완벽주의 성향이 발현될 때 더 잘 대처할 수 있다. 의식적인 행동 선택이 가능해지는 것이다. 전개되는 상황에 자동으로 대처하는 대신 맏딸의 특성을 적용할지 말지에 대해 선택할 수 있다. 잡다한 모든 일에 늘 책임감을 느끼는 이유가 무엇인지 깨닫고 나면 한발 물러설 수 있다. 가족 모임 장소를 예약하거나 모두에게 줄 선물을 구입하거나 어른들을 모시러 가는 일을 영원히 자기 몫으로 두는 일에서 벗어날 수 있다. 전에는 자신이 해야 한다고

12

첫째 딸로 태어나고 싶지는 않았지만

만 여기던 일들에서 물러나도 좋다는 것을 알게 된다. 평소대로 동동거리지 않아도 세상이 끝나지 않는다는 점을 발견한다.

우리는 이 책을 위해 자료를 검토하고 글을 쓰는 과정에서 참으로 많은 것을 배웠다. 맏딸의 특징을 깊이 들여다볼수록 어느 맏딸이든 더 큰 자유로움을 느낄 수 있으리라 확신한다. 기억 속의 가장 먼 과거 시점부터 남들의 지나친 기대를 의식하고 일단 본 모습을 보이고 나면 외면당할 것이라 생각했던 리세터처럼 두려워할 필요가 없어진다. 지금까지 제대로 이뤄낸 것이 하나도 없고 진면목을 드러내려면 스스로를 더 밀어붙여야 한다고 믿어온 비스처럼 불안해할 필요도 없어진다.

일단 유형을 파악하고 나면 우리가 그랬듯 당신 역시 지금껏 얼마나 남들에게 이용당해왔는지 깨달을 것이다. 책이나 영화에서 생각이 깊고 배려가 넘치는 여성이 등장했다면 그건 분명 맏딸일 것이다. 우리가 조사 과정에서 만나 대화를 나눈 많은 사람들이 맏딸에 대해 '모두를 보살펴주는 성실한 사람' 혹은 '모든 사람과 모든 일에 무한한 책임감을 느끼는 사람'이라는 명확한 이미지를 갖고 있었다. 우리는 각각 서로 다른 존재, 고유한 존재라고 생각하면서도 동일한 모습으로 삶을 살아가는 것이다.

맏딸들,
그리고 맏딸의 어머니들에게

이 책은 일차적으로 맏딸들을 위한 것이다. 연구 과정에서 만났던 많은 이들이 맏딸 유형에 대한 조사 결과가 매우 유용하다고 말해주었다. "그래서 습관적으로 제가 늘 앞장을 섰던 것이군요."라고 탄식하며 말한 이들도 여럿이었다. "전 스스로에 대한 기준이 높다는 말을 들으면서도 말뜻을 제대로 이해하지 못했어요. 이제야 늘 최선을 다해야만 한다고 생각했던 이유를 알았네요."라고 말하는 사람도 있었다. "저보다는 훨씬 수월하게 인생을 살아가는 여동생을 보면서 질투가 나기도 했어요. 어른이 된 지금도 누구한테든 쉽게 말을 걸고 친구가 되는 동생이 대단하게 보여요. 저한테도 그런 재주가 있었으면 싶죠."라고 속마음을 털어놓는 이들도 있었다.

하지만 이 책은 맏딸만을 위한 것은 아니다. 위로 오빠가 있는 딸인 경우에도 맏딸 역할은 여전하다. 이런 딸들은 "오빠는 아무 일도 안 해요."라고 입을 모아 말하면서 무슨 뜻인지 알지 않느냐고 눈짓을 해 보인다. 알고말고. 맏아들은 제일 먼저 학교에 입학하고 용돈이나 귀가 시간 등 일상생활의 토대를 닦아둔다. 여동생이 남자들의 세계를 알 수 있게 도와주기도 한다. 하지만 어머니가 노쇠해 보살핌이 필요할 때가 되면 이미 어디론가 사라져버린 후이다. 그러면 여동생이 맏딸이 되어 오빠의 빈자리를 채우며 책임을 떠맡기

일쑤이다. 이런 딸들은 진짜 맏딸처럼 모든 것을 첫 번째로 경험하지는 않지만 결국 나중에는 가족의 안위에 책임을 지게 되고 그 역할을 훌륭하게 해낸다.

또한 이 책은 맏딸의 내면을 좀 더 이해하고 싶은 어머니들에게도 도움이 될 것이다. 어린 나이부터 맏딸이 책임감을 느끼는 이유는 무엇인지, 그리고 배려가 많은 성품이나 동생들을 잘 돌보려는 마음은 어디서 나오는지 궁금했다면 이 책에서 답을 구해볼 만하다.

그 밖에 맏딸의 이야기를 흥미롭게 읽을 이들이 더 있을 수도 있다. 지금껏 도저히 이해할 수 없었던 동료나 상사, 친구나 연인이 어쩌면 맏딸 출신일지도 모른다. 그렇다면 이 책에 제시된 자질과 유형이 그 사람을 이해할 열쇠가 될 것이다.

첫째 딸의 탄생과
성장에 대하여

우리는 시작 단계부터 다룬다. 1부에서는 과거의 일들을 이야기한다. 우선 맏딸이 태어나 외동아이로 부모와 함께 지내는 시기를 그려보고 그 시기가 얼마나 중요한 영향을 미치는지 짚어볼 것이다. 이어 둘째가 태어나면서 외동아이가 갑자기 첫째가 되어버리는 상황을 살펴본다. 이 사건에서 꼬마 맏딸이 끌어내는 결론은 이후 자신의 모습을 갖춰나가는 과정에서 지속적인 영향을 미친다. 맏딸이 겪는 위험들, 그리고 새로운 가족 구조에서 맏딸이 키워나가는 자질도 1부에서 알아볼 것이다.

2부에는 우리가 맏딸들에게서 찾아낸 다섯 가지 주된 특징이 제시된다. 우리 각자는 그 특징들이 나름대로 조합된 고유한 존재지만 잠재적 유형을 공유한다. 또한 완벽하고자 하는 바람은 위험성이 아주 높기 때문에 2부 내에서 상당한 분량을 이에 할애했다.

3부에서는 어린 시절부터 발전시켰던 자질로 세상에서 어떤 삶을 개척하는지 살펴본다. 크게 우정, 일, 사랑, 맏딸 키우기, 함께 자란 이들과의 지속적 관계라는 다섯 영역으로 나누었다.

에필로그에는 맏딸의 날 행사에서 우리가 활용했던 네 가지 연습을 실었다. 혼자서 해볼 수도 있고 여럿이 함께 할 수도 있을 것이다. 테스트를 통해 출생 순위의 영향과 전형적 특징에 대한 통찰력을 판단할 수도 있다.

이 책은 저자인 우리에게도 많은 것을 가르쳐주었다. 우리 자신들의 이야기가 계속 등장하는 이유도 그 때문이다. 우리는 이 책 중간중간에 우리가 직접 겪은 일에 대해 털어놓았다. 맏딸들로서 우리가 가진 느낌과 생각이 이토록 예측 가능했음을 확인하는 일은 솔직히 때로 도전적이었다. 누구나 고유한 존재이기를 바라는 법이니까. 하지만 다 끝내고 돌이켜보니 모든 맏딸들이 어느 정도 비슷한 경험을 거쳐 비슷한 결론, 즉 '내가 충분히 다정하고 훌륭하기만 하다면 사람들이 내 곁에 머물 것'이라는 생각에 도달한다는 깨달음은 자유를 안겨주었다. 출생 순위가 특정 경험으로 이어진다고 인정하고 나자 오히려 그 반응 유형에서 벗어나 진정한 자신이 될 수 있었던 것이다.

이 책에는 성공과 명예를 누린 맏딸들의 이야기가 종종 등장한다. 어리거나 나이 든 맏딸들에게 용기를 불어넣고 싶었기 때문이다. 그렇다. 우리는 때로 권위적이고 지나치게 진지하기도 하다. 너무 열심히 일하고 자기 능력을 지나치게 의심한다. 하지만 동시에 우리는 강인하고 신뢰받는 친구, 능숙한 문제 해결사, 행사 조직 전문가이다. 배려하는 동료이자 딸, 배우자이기도 하다. 스스로 인정하기 어려울지 몰라도 우리는 사람들이 믿고 의지할 만한 여성들이다.

+

**The
Eldest
Daughter
Effect**

1부

맏딸의 심리학

+

맏딸의 성장 과정

첫아이는 첫사랑과 같다!

당신의 탄생이 부모를 부모로 만들었다.

" 부모의 모든 관심이 당신, 오로지 당신에게 쏠리는 것은 당연하다. "

부모, 조부모, 친척들까지 도무지 눈길을 떼지 못한다.

당신이 어떤 행동을 하든 경이롭게 여긴다.

한 가족의
기적으로 등장하다

아이가 태어나면서 부모의 삶은 완전히 뒤바뀐다. 육아에 대해 아무리 이야기를 많이 듣고 책을 여러 권 읽어도 마찬가지다. 부모로 산다는 것이 어떤지 진정으로 알려면 직접 경험하는 방법밖에 없다. 그 경험을 처음으로 하는 이들 앞에 맏딸인 당신이 태어난 것이다. 당신은 신혼부부나 싱글맘, 혹은 입양 가족의 기적이 된다. 모든 관심이 오로지 당신에게만 집중된다. 작게 한숨 소리만 내도 다들 달려올 것이다. 미소 하나, 새로운 동작 하나마다 사진과 비디오로 기록된다. 아이가 울기 시작하면 다들 이유를 찾느라 분주하다. 기저귀가 젖었나? 배가 고픈가? 아이를 행복하게 해주기 위해 어른들은 늘 바쁘게 움직일 것이다.

갓난아이를 벗어나면 한층 더 큰 관심이 쏟아진다. 책을 읽어주고 날마다 레고로 성을 지어주기도 한다. 방에는 동물들이 수놓인 커튼이 걸리고 신형 아동 의자가 들어온다. 하루가 다르게 자라는 아이의 모습이 많은 사진들로 기록된다. 노래를 부르거나 춤추는 흉내라도 내면 아무리 서툴러도 박수갈채가 쏟아진다. 아이가 처음으로 그린 그림, 처음으로 내뱉은 말도 마찬가지다. 아빠, 엄마, 할머니, 할아버지 모두가 아이의 첫 걸음마를 자기가 봤다고 주장하는 묘한 일이 생겨난다. 그 순간 모두 함께 있었을 리도 없는데 말이다.

규칙을 정하는
첫째 딸

첫째인 당신은 좋아하는 것과 싫어하는 것이 분명하고 곧 이를 표현하게 된다. 거짓말 따위는 하지 않는다는 말이 더 정확할지도 모르겠다. 아기 침대에 혼자 남겨지기라도 하면 큰 소리로 울어대 어른들이 거실로 데려가게 만든다. 빨간 컵은 거부하고 파란 컵을 주어야 마신다. 노란 사과보다는 초록 사과를, 바지보다는 치마를 좋아한다. 부모는 당신 때문에 천국과 지옥을 오가는 상황에 놓여도 기꺼이 감수한다. 그렇게 당신은 뭐든 자기 맘대로 하는 것에 익숙해진다.

아들 루이가 내 삶에 등장하기 전까지 나는 사랑이 무엇인지 몰랐다. 수면 부족이 무엇인지, 발육 단계가 무엇인지도 몰랐다.

– 배우 산드라 블록Sandra Bullock, 〈데일리 메일The Daily Mail〉 기사 중에서

임신이 되는 순간부터 부모는 새로운 세계에 첫발을 내디딘다. 싱글 부모라 해도 마찬가지다. 전에 없이 완전히 새로운 상황이다. 이후 아무리 아이를 많이 낳더라도 그 과정은 결코 똑같지 않다. 맏딸인 당신이 태어나기 훨씬 전부터 기대와 흥분이 가득했다. 처음에는 비밀로 하던 임신 소식을 서서히 가까운 사람들에게 알린다. 임신과 출산은 모두 짜릿한 경험이다. 마침내 아이가 태어난다. 상상해 마지않던 바로 그 순간이다. 아이의 모습은 수없이 상상했던 바로 그 모습과는 전혀 다르겠지만 말이다.

부모가 확실히 아는 단 한 가지는 아이를 영원히 보호해야 한다는 점이다. 그 한 가지는 만만치 않다. 각자의 이름을 지닌 사랑하는 한 쌍이었던 이들이 엄마와 아빠라는 또 다른 이름을 얻는다. 아이가 처음으로 엄마와 아빠라는 단어를 발음하기 시작하면 부부도 어느새 서로를 그렇게 부르고 있다. 그리고 당신이라는 자식을 통해 갓난아이 돌보는 법을 배워나간다. 심리학자이자 베스트셀러 작가인 케빈 리먼Kevin Leman은 《첫째 아이 심리백과The Firstborn Advantage》라는 책을 맏딸에게 바치면서 다음과 같이 썼다. "새로 부모가 된 우리는 온갖 실수를 저질렀다. 널 상대로 연습을 한 셈이

지. 첫째 아이인 너는 우리의 기니피그였단다." 바로 이와 같은 상황이 펼쳐지는 것이다.

부모의
첫사랑

신참 부모는 살면서 배운다. 새로 부모 딱지를 달게 된 아빠와 엄마는 아이를 애지중지하지만 동시에 궁금증과 불안도 많다. 예전에 한 번도 해본 적 없는 일이고 아이 옆에 설명서가 따라오지도 않는다. 아이 볼에 있는 빨간 점은 간밤에 생겼을까, 아니면 본래 있었을까? 이 정도면 잠들기에 충분할 정도로 먹은 것일까? 혼자 자기 무섭다고 다시 안방에 들어오면 받아주어야 할까? 이건 일상적인 측면일 뿐이다. 첫아이가 얼마나 많은 감정을 불러일으키게 될지 상상해보라. 엄마는 어떤 눈길로 아이를 바라볼까? 자신이 받았던 무한한 사랑을 담아? 혹은 자신은 한 번도 받아보지 못했던 사랑을 담아? 아빠는 쉽게 감정을 표현하는 사람인가, 아니면 신체 접촉보다는 다른 방식으로 사랑을 전달하는 편인가? 부모가 어떤 모습을 보이든 아이는 그로부터 큰 영향을 받는다. 부모는 아이, 특히 맏아이에게서 자기 모습을 찾으려 한다. 당신이 어느 쪽 집안의 누구를 꼭 빼닮았는지를 두고 양가 할머니들이 옥신각신 말다툼을 벌일 수도 있다.

상담치료사인 로널드 리차드슨Ronald Richardson과 언론인 로이스 리차드슨Lois Richardson은 그들의 저서 《출생 순위, 그리고 당신Birth Order & You》에서 첫아이는 첫사랑과 같다고 했다. 그만큼 예상을 뛰어넘고 그만큼 충족감을 안겨준다는 것이다. 그만큼 강렬하고 또한 그만큼 두렵다. 당신의 탄생이 부모를 부모로 만들었다. 부모의 모든 관심이 당신, 오로지 당신에게 쏠리는 것은 당연하다. 부모, 조부모, 친척들까지 도무지 눈길을 떼지 못한다. 당신이 어떤 행동을 하든 경이롭게 여긴다.

부모에게는 모든 것을 제대로 해내야 한다는 엄청난 압박이 가해진다. 엄마는 첫 출산에서 다 회복되지 않은 상태이다. 호르몬 균형도 깨져 있다. 병원 정기 검진에서 당신의 성장이 더디다는 말 한마디를 듣는 것만으로도 엄마는 절망에 빠질 것이다. 아빠는 당신을 사랑하지만 아내가 당신한테만 매달려 자신은 다소 등한시한다는 사실을 받아들여야 한다. 이러한 초기의 평탄치 않은 상황은 부모되기의 경험을 이론보다 훨씬 더 복잡하게 만든다.

세상은 태양을 중심으로 돈다고 했다. 난 말도 안 된다고, 세상은 나를 중심으로 돈다고 생각했다.

– 루시 반 펠트Lucy Van Pelt(찰스 슐츠Charles M. Schulz의 만화 〈피너츠Peanuts〉에 등장하는 맏딸)

가족관계 전문가들은 신참 부모들이 과거 자신이 키워진 방식대로 부모 노릇을 하게 된다고 설명한다. 과거 가족에서 경험했던 습관들이 어쩐지 익숙하기 때문이다. 부모가 서로 완전히 다른 방식으로 키워졌다면 당신과 새로운 삶을 만들어가기 위한 균형점을 찾아야 한다. 당신이 자는 동안 창문을 열어두어야 할지 닫아야 할지, 울기 시작하면 바로 안아주어야 할지 딸랑이만 쥐어주어야 할지, 음식을 흘리면 곧장 갈아입혀야 할지 그냥 놀게 두어야 할지 등과 같은 단순한 문제부터 합의해야 할지도 모른다. 아빠는 은근히 아들을 바랐을 수도 있다. 그저 여자아이보다는 남자아이가 더 익숙하기 때문이라고 해도 말이다. 그랬던 아빠라면 마음속에 그려왔던 아이 이미지를 갑자기 바꾸고 상황에 적응해야 한다.

모든 것은
첫아이를 중심으로

　　몇몇 심리학자들, 특히 여성 심리학자들은 여성에게는 첫아이가 딸이기를 바라는 경향이 있으며 이는 자신이 다시 태어난다는 생각 때문이라고 설명한다. 이에 대해 네덜란드의 심리학자로 발달심리에 대해 책을 쓴 리타 콘스탐Rita Kohnstamm은 다음과 같이 말한다.

　　"이는 새로 시작하고 싶은 우리의 영원한 욕망을 반영한다. 깨끗한 상태에서 처음부터 출발하게 되는 것이다."

　　임신한 여성들이 첫아이가 딸이기를 기대하는 마음은 여자의 몸에 대해서라면 안팎으로 다 알고 있다는 자신감과도 관련이 있다.

달라지는
부부

출생은 당신만의 것이 아니다. 부모도 세상에 새로 태어난다. 부모 사이의 관계에도 출생은 크나큰 영향을 미친다. 부모 사이의 관계가 좋든, 불안정하든 변화는 불가피하다. 의식적으로, 그리고 무의식적으로 엄마는 아빠에게 일정한 기대를 갖게 되는데 이는 충족될 수도, 충족되지 못할 수도 있다. 아빠는 과거의 자기 아버지보다는 훨씬 더 시간을 많이 내는 양육자가 되려 하기도 한다. 한편 아이 외할머니가 나서서 전적으로 엄마를 돕는 바람에 신참 아빠가 기회를 빼앗기고 실망하는 일도 벌어진다.

엄마는 출산 후 곧장 일터로 복귀할 작정이었을지도 모른다. 하지만 막상 당신이 태어나자 집에 머물며 함께 시간을 보내고 싶어진다. 어떻게 해야 할까? 부모 사이의 사랑은 얼마나 단단한가? 서로를 돕고 지지하는가? 어떻게 당신을 키울지 합의할 수 있는가? 인생관이 어느 정도 일치한다고 생각했는데 새로이 해결해야 할 문제가 산더미처럼 밀려오고 있지는 않은가? 아이가 태어난 후 부부 관계는 완전히 새로 정립되어야 한다.

그리스 여자들은 평균적으로 31세에 첫아이를 낳아 세계에서 가장 늦게 출산을 경험하는 편이다. 호주, 한국, 일본, 이탈리아, 스위스의 평균 첫 출산 연령이 30세로 그 뒤를 잇는다. 28세인 캐나다가

23위이고 뉴질랜드, 영국, 이스라엘은 27세이다. 우크라이나, 스리랑카, 미국으로 가면 첫 출산 평균 나이가 25세로 내려간다. 아프리카의 많은 국가들은 첫 출산 연령이 평균 18세이다. 부모의 나이 또한 첫째 아이인 당신에게 영향을 미친다. 전체적으로는 인생 경험이 많으면 많을수록 더 좋다고 할 수 있다. 당신의 어린 동생들은 여왕이던 당신 덕에 경험을 쌓아 더 현명해진 부모를 만나게 된다.

부모도 세상에
새로 태어나다

자신의 우선적 역할이 교육자라고 생각하는 부모들은 기대 수준이 비현실적으로 높다. 새로운 역할에서 완벽을 기해 당신을 완벽한 인간으로 만들고자 한다. 세상에 그런 완벽한 인간은 존재하지 않는다는 점을 잠시 잊은 채로 말이다. 어느 아이든 완벽하지 않은 부모의 모습을 닮게 마련이다. 맏딸로서 당신은 부모에게 자녀 양육뿐 아니라 자아 발견 면에서도 많은 것을 알려주는 존재이다.

아기 침대에서 옹알거리며 행복하게 누워 있는 신생아인 당신은 물론 그런 것에 관심이 없다. 그저 온전히 자신에게만 쏟아지는 애정을 즐길 뿐이다. 어떻게 해야 엄마가 웃는지, 어떻게 하면 아버지를 춤추게 만드는지 정확히 알고 있다. 당신은 부모에게 끊임없이 새로운 도전을 선사한다. 가만히 누워 있기만 하던 당신은 신나게 몸을 뒤집어 보이고 부모는 기뻐서 어쩔 줄 모른다. 부모는 당신을 즐겁게 만들려고 온갖 방법을 고안해낸다. 당신은 첫아이, 유일한 아이이다. 태양 같은 존재이기도 하다. 모든 행성이 당신 주위를 돌고 있다.

맏딸의 역할을 제대로 하지 않으면 어떤 일이 벌어지나

여덟 살이었을 때 두 살 위 친구를 사귄 적이 있다. 난 그 친구를 아주 좋아했는데 그 이유 중 하나는 오빠가 있다는 것이었다. 오빠가 있으면 좋은 점이 끝도 없는 것 같았다. 예를 들어 친구는 오빠와 함께 간다는 조건으로 어두운 저녁 시간의 축제장 나들이 허락까지 받아냈다. 친구는 나도 같이 데려가자고 오빠에게 말했고 오빠도 좋다고 했다. 나는 하늘의 별이라도 딴 기분이었다. 그러나 당장 아버지에게 달려가 멋진 소식을 전하자마자 안 된다는 말을 들었다. 밤중에 축제장에 가려면 나이를 더 먹어야 한다는 것이었다. 친구 오빠가 함께 간다는 사실은 아버지에게 아무런 안전 조치가 되지 못했다. 정 가고 싶으면 낮 시간에 어른과 함께 가야 한다고도 했다.

나는 머리끝까지 화가 났다. 이전에도 이후에도 그 정도로 감정이 폭발한 적은 없었다. 반항심이 치솟은 나는 평소 성격과 전혀 다른 모습이 되어 복수할 방법을 찾았다. 그리고 거실 벽지에 사인펜으로 잔뜩 낙서를 해두었다. 낙서를 했던 일 자체는 기억이 나지 않지만 아버지가 무섭게 화내던 장면은 머릿속에 남아 있다.

아버지는 평온하고 다정한 분으로 나와 여동생에게 너그러운 편이었다. 그 일이 있기 전까지는 아버지가 분노로 폭발하는 모습을 보지 못했기 때문에 그날 아버지를 보고 나는 마치 세상이 끝난 것처럼 느꼈다. 온순하고 복종적이었던 평소의 나와는 전혀 어울리지 않는 짓을 했다. 우스꽝스러운 소망을 이루지 못한 응석받이 공주라도 된 듯 반항했다고나 할까. 골이 나서 입을 쑥 내민 아이라면 딱 질색하시는 아버지를 단단히 짜증나게 한 셈이었다. 토라져서 시무룩한 모습은 우리 집에서 허용되지 않았다. 적어도 아버지 앞에서는 그랬다.

사인펜 사건은 내 기억에 깊이 새겨졌다. 아버지가 폭발하는 모습을 처음 보고 충격이 컸다. 나는 공포에 사로잡혔다. 어린 시절의 일들을 많이 기억하는 여동생과 달리 나는 대부분의 일은 잊어버렸지만 그 사건만큼은 오랫동안 남았다. 그리고 이제는 그 사건이 그토록 오래 남았던 이유가 내가 맏딸 역할을 제대로 하지 않았을 때 어떤 일이 일어날지 깨달았기 때문이라고 생각한다. 아버지는 다른 사람들 때문에 폭발한 적이 있었다. 예를 들어 정치인 때문에 혹은 식당에서 서비스가 엉망일 때 화를 냈다. 하지만 내게는 화낸 일이 없었던 것이다.

나는 아버지에게 빌미를 주지 말았어야 했다. 어린 시절부터 가족 안에서 내가 차지했던 여왕 지위를 유지하려면 책임감 있게 동생을 보살피는 맏이가 되어야 했던 것이다. 그렇게 행동할 때 부모님은 아주 행복해하셨고 온 가족이 평온했다. 현명한 맏이가 되는 것이 아버지가 내게 부여한 역할이었다. 대체로 나는 그 역할을 잘 해냈다. 밤 축제에 가고 싶었던 운명의 그날까지는 말이다.

맏딸의
야망에 대하여

     '앙겔라 메르켈Angela Merkel, 힐러리 로드햄 클린턴Hillary Rodham Clinton, 크리스틴 라가르드Christine Lagarde, 오프라 윈프리Oprah Winfrey, 셰릴 샌드버그Sheryl Sandberg, J.K. 롤링J.K. Rowling, 그리고 비욘세Beyoncé의 공통점은 무엇인가?' 2014년 영국 일간지 〈옵서버Observer〉의 머리기사 제목이다. 트레이시 맥베이Tracy McVeigh가 쓴 기사 본문은 이렇게 이어진다. "〈포브스Forbes〉가 뽑은 세계에서 가장 영향력 있는 여성에 포함되었다는 사실을 제외하면, 이들의 공통점은 모두 가족의 맏아이라는 점이다. 맏아이는 탁월한 존재다."

     이 기사는 이어 중국 출신으로 영국 에식스대학교에서 '출생 순위, 학업 열망과 성취의 관계'로 박사 학위를 받은 페이페이 부Feifei Bu의 연구를 인용했다. 형제자매 관계 1503건(인원수로는 3552명)에

달하는 영국 가구 패널 조사를 바탕으로 학업 열망과 성취도를 살펴본 결과, 부모의 교육 수준과 직업 지위의 영향을 고려한 상황에서도 맏이들은 동생들에 비해 교육받으려는 열망이 7%나 높았다. 더욱 흥미로운 것은 맏딸들은 맏아들에 비해 열망이 13% 더 높았다는 점이다. 맏딸들은 야망이 있었다. 삶과 자기 자신으로부터 더 많은 것을 얻어내고자 했다. 동기부여가 가장 잘된 집단 역시 맏딸들이었다.

2015년 1월 경제학자 존 홀티웨인저John Haltiwanger는 300만 개 이상의 '좋아요'를 받은 인기 페이스북 페이지 '엘리트 데일리Elite Daily'에 이 분야 연구 결과를 정리해 실었다. 〈탁월성 과학—어째서 맏이가 가장 똑똑한가〉라는 글에서 그는 미국 국가경제연구국NBER의 최신 연구를 소개했다. 맏이가 동생들보다 학교 성적이 좋다고 밝힌 연구였는데 그런 결과가 처음은 아니었다. 맏이가 공부를 잘하는 이유는 동생들을 가르치기 때문이라는 흥미로운 이론도 있다. 가르친다는 것은 지식을 더 잘 이해하고 지식의 힘을 중시한다는 것을 뜻한다. 홀티웨인저는 또 다른 잠재 요소로 '이혼 이론'을 인용했다. 이혼이 보편적인 오늘날 상황에서 맏이는 가족이 해체되기 전의 혜택을 가장 많이 받는다는 것이다.

일과 삶의 균형에 대한 전문가 루시 매카라허Lucy McCarraher는 네 아이의 어머니로서 다음과 같이 말하며 현실적인 시각을 보탠다. "나는 물론이고 내가 아는 모든 부모들은 맏이가 가장 많은 관심을 받고 자란다고 생각한다. 다음 아이를 낳기 전에 시간 여유가 있기 때문이다."

반면 듀크대학교의 경제학부 교수로 미국 국가경제연구국 자료를 분석한 조셉 호츠Joseph Hotz는 부모의 훈육이 모든 것을 좌우한다고 주장한다. 자녀의 성적이 좋지 않아도 부모의 훈육 행동이 뒤따르지 않는다면 잘하려는 동기부여가 되지 않는다는 것이다. 실증적 자료를 바탕으로 호츠 교수는 맏이가 동생들보다 부모의 숙제 검사를 매일 받을 확률이 높다고 주장했다. 부모들은 맏이를 모델로 내세우는 전략을 구사한다. 맏이의 사례를 통해 동생들은 낮은 성적이 혜택을 줄이고 감시를 높인다는 점을 관찰하면서 추가적 동기를 부여받는다고 보는 것이다. 부모들에게 맏이는 모범 사례의 도구가 된다는 것이 이 경제학자의 분석이다.

부모의
크나큰 행복

맏아이를 본 부모는 큰 기쁨을 맛본다. 이전에도 없었고 앞으로도 없을 기쁨이다. 다른 무엇으로도 대신할 수 없는 기쁨이다. 네덜란드 국가통계청은 자녀 출산과 행복도의 상관관계에 대한 연구를 진행했다. 2013년 발표된 결과에 따르면 사람들이 가장 행복한 때는 맏아이가 생긴 무렵이라고 한다. 설문에 응답한 사람들 중 31%

가 매우 행복하다고 답했는데 임신 기간에는 이 비율이 급격히 올라가 42%에 이르렀다. 별로 행복하지 않다고 하던 사람들도 자신이나 배우자가 맏아이를 임신한 해에는 행복도가 급격히 상승했다.

　두 사람으로부터 새로운 생명이 만들어진다는 신비로움은 남녀 모두에게 희열을 안겨준다. 그 효과는 아버지보다는 어머니가 될 쪽이 훨씬 더 크다. 맏아이 출산을 앞둔 한 해 동안 무척 행복하다는 비율이 여성들의 경우 45%였지만 남성은 39%였다. 이 차이에는 호르몬도 작용하지만 임신한 여성이 늘 아이의 존재를 느낄 수 있다는 점도 영향을 미친다. 처음에는 자기 몸의 변화만 느끼지만 곧 놀라운 경험을 하게 된다. 아이가 자기 몸 안에 자리 잡고 자라나는 것이다. 아이는 몸을 돌리고 발로 차고 딸꾹질도 한다. 아빠는 엄마 배에 손을 대고 아이의 움직임을 느낀다. 아빠는 바깥에서, 엄마는 안에서 느끼는 것이다. 아빠가 등을 돌리고 누워 잠든 후에도 엄마는 뱃속 아이의 움직임을 계속 느낀다. 남자는 앞으로 자기 삶이 완전히 바뀌리라는 점을 가끔씩 잊을 수 있다. 하지만 여자는 임신을 알게 된 순간부터 이미 삶이 바뀌어버린 상황이다.

　사랑과 관심을 받기 위해 가족 안에서 어떤 행동을 했는가가 결국 그 사람을 결정한다고 생각해요. 저희 집에서는 저녁 식탁에서 대화를 잘하거나 학교 성적이 좋아야 했습니다. 그래서 그 두 가지가 저한테 가장 중요한 일이 되었지요.

- 엠마 왓슨Emma Watson, 〈*GQ*〉 기사 중에서

　　　　　　　　첫째 딸로 태어나고 싶지는 않았지만

과거에는 임신을 하면 아이가 아들이기를 기대했다. 그리고 일부 문화권에서는 지금도 마찬가지다. 가문의 이름을 이을 후손이 있길 바라거나 혹은 농장이나 상점, 회사를 물려받을 후계자를 원하기 때문이다. 부인들은 남편에게 아들을 낳아줘야 한다는 압박을 받았다. 아들은 일손이었지만 딸은 지참금을 마련해줘야 하는 부담도 있었다. 아직까지도 맏아이가 아들이기를 바라는 지역들이 있다. 미국의 경우 선택권이 주어진다면 47%의 부모들이 맏아이로 아들을 낳겠다고 했다. 딸보다 아들이 키우기 쉽다는 이유에서였다. 맏아들이 어느 정도 자라면 동생들의 보호자가 될 거라는 생각도 작용했다. 33%는 성별이 상관없다고 했고 딸이 더 좋다고 한 비율은 21%였다. 네덜란드 통계청이 첫 자녀를 출산하는 부부를 대상으로 조사한 바에 따르면 딸과 아들이 모두 행복감을 주는 것으로 나타났다. 어느 쪽을 선호하느냐는 질문에 네덜란드 예비 부모들은 '건강하기만 하면 된다'라고 답변했다.

시간은
맏이만을 위해 흘러간다

        각 가족은 부부 사이의 관계를 바탕으로 나름의 감정 색채를 띤다. 맏아이는 그 세계에 최고조의 행복을 선사하며 등장한다. 그러나 출생 후 시간이 흐르면서 희열은 사라진다. 그 속도는 부부 양쪽에 동일하게 작용하지만 출산 전 아빠의 행복도가 상대적으로 낮았기 때문에 엄마보다 아빠가 더 빨리 과거 수준으로 돌아가게 된다. 아빠들은 1년 안에 맏아이 출생 이전의 행복도로 되돌아간다. 엄마의 희열은 2~3년 더 지속된다. 그런데 임신을 처음부터 반가워하지 않은 경우에는 반대 현상이 일어난다. 임신 동안 행복하지 않았다고 답한 4%는 출산 이후 평균 행복도가 높아졌다.

    신생아는 완벽한 보호에 둘러싸인다. 그리고 조금씩 모든 것을 배워나간다. 부모는 역할 모델이 된다. 인간이 어떤 존재인지 아이에게 제일 처음 알려주는 존재도 부모이다. 부모는 아이에게 훌륭한 행동을 가르치려 한다. 할머니가 오셨을 때 미소 짓는 것부터 시작해서 흘리지 않고 음식을 입에 넣는 법까지, 단어 익히기부터 배변 훈련까지, 부모의 집중적인 노력이 없다면 아이는 아무것도 해내지 못한다. 의식적으로 부모가 가르치려 하는 것 외에도 아이는 온갖 신호를 받아들인다. 부모의 행동에 더해 부모가 행동하는 방식까지 말이다. 아이는 태어나는 순간부터 부모를 따른다. 현관문을 들어서는 사람을 부모가 진심으로 기뻐하며 맞이한다면 아이도 그 사람을 신뢰할 수 있다고 여기고 그의 무릎 위로 기어올라갈 가능성이 높다. 부부가 다정하게 서로를 대한다면 아이도 편안하다. 부부가 싸움을 벌이면 처음에는 숨죽이던 아이도 결국 울음을 터뜨리고 만다.

부모는 다른 자식들보다 맏아이에게 더 많은 보살핌을 준다. 다음 아이를 키울 때쯤이면 아이가 꽤 튼튼한 존재이고 간식을 조금 늦게 줘도 큰일 나지 않는다는 걸 알 만큼 유능한 부모가 되어 있다. 하지만 맏아이를 돌볼 때에는 아이가 몇 분 안에 부서지기라도 하는 존재를 다루는 양 조심한다. 혹시라도 무슨 일이 일어날지 모른다는 걱정 때문에 맏아이 혼자서는 아무것도 하지 못하게 한다. 그 무슨 일이 대체 무엇인지는 끝까지 알 수 없지만 어떻든 아이 주변에는 부모의 걱정이 먹구름처럼 따라다닌다. 그래서 많은 맏이들이 위험을 회피하는 어른으로 자라난다. 더 불안해하고 더 조심한다. 약하디약한 존재를 제대로 지켜내야 한다는 부모의 걱정이 어느 정도는 첫아이에게 흡수되어버린다고 할 수 있다.

관심을 받아
똑똑해지는 맏이들

관심을 받으면 성장하기 마련이다. 맏이는 대개 크나큰 관심을 받는다. 움직임 하나, 미소 하나, 심지어는 사용한 기저귀나 트림까지도 기적으로 받아들여진다. 부모의 시간도 무한히 주어진다. 부모 자신부터도 필요한 일들에 아직 익숙해지지 못한 탓이다. 기저귀 갈기, 젖병 물리기 등은 엄청난 시간을 소모하는 과업이다. 옷을 입히고 벗기기도 쉽지 않다. 그래도 부모들은 맏아이와 특별한 시간을 공유할 수 있다는 데 만족한다. 매 순간이 귀중하다. 아이는 너무도 신기한 존재인데 놀랍게 빨리 성장하고 그래서 부모는 한순간도 놓치지 않길 원한다. 시간은 맏이만을 위해 흘러간다. 아이는 너무도 큰 사랑과 기쁨의 원천이다. 일상의 스트레스가 얼마나 크든 상관없이 일단 아이만 생각하면 부모는 삶의 의미를 다시 찾게 된다.

맏이는 처음부터 이렇게 온전한 관심을 누릴 수 있고 이는 성장에 도움을 준다. 결국 우리 인간은 관찰과 모방을 통해 발전하지 않는가. 아이는 태어나자마자 이 과정을 시작한다. 정보를 처리하고 저장하기 위해 두뇌가 빠르게 발달하며 신경망이 무서운 속도로 연결된다. 다음 성장을 위한 새로운 기회가 매일같이 찾아온다. 첫 몇 주, 몇 달, 몇 년 동안 맏이는 어른들에게 둘러싸여 어른들도 미처 깨닫지 못할 만큼 방대한 정보를 흡수한다.

전 우리 딸들이 얼마나 자랑스러운지 몰라요. 호랑이 부모는 자식들이 나약하기보다는 강인한 존재라 여기고 최대치를 끌어낼 수 있도록 돕습니다. 더 많은 것을 이룰 수 있다고 가르치고 포기를 허용하지 않죠.

— 에이미 추아Amy Chua, 〈투데이닷컴Today.com〉 기사 중에서

2007년 〈사이언스Science〉 지에는 맏아이가 평균 이상의 지능을 보인다는 내용이 실렸다. 전 세계 IQ 평균은 90에서 110 사이인데 맏이들은 이보다 2~3점이 더 높았다는 것이다. IQ 3점은 별것 아니라 여겨질지 모르지만 전문가들은 이것이 결정적 차이를 낳을 수 있다고 말한다. UC 버클리의 연구자로 《타고난 반항아: 출생 순위, 가족 역학, 그리고 창조적인 삶Born to Rebel: Birth Order, Family Dynamics, and Creative Lives》의 저자이기도 한 프랭크 설로웨이Frank Sulloway 박사는 IQ 2~3점 차이가 미국 대학 입학 자격시험의 20~30점 차이로 볼 수 있다고 지적하며 다음과 같이 말하기도 했다. "좋은 대학에 들어가 유명한 교수를 만나고 그다음에는 의과대학에 진학해 위대한 발견을 한 후 노벨상을 받을 수도 있다는 뜻입니다." 설로웨이

박사는 2~3점의 IQ 차이는 맏아이가 동생들에 비해 평균 이상의 지능을 가질 확률을 13% 높여준다고 계산하기도 했다.

노벨상을 비롯해 여러 유명한 상을 받은 작가나 과학자들 중 많은 수가 맏이였다는 사실도 이를 뒷받침해준다. 미국에서 우수한 학업 성취를 보여 장학금을 받는 이들 중에도 맏이가 많다.

물론 선천적으로 출생 순위에 따라 지능이 차등하게 주어진다고 볼 수는 없을 것이다. 둘째나 막내의 지적 수준을 면밀히 연구하지 않은 탓에 편차가 생겨났을 수도 있다. 동생들의 지능을 폄하하고 차별화할 의도는 전혀 없다. 다만 맏이들의 삶이 어떤 유형인지 밝히려는 것뿐이다. 설로웨이의 연구와 동일한 결과가 나온 노르웨이 연구를 이끈 페터 크리스텐센Petter Kristensen 박사는 둘째다. 그는 출생 순위 효과 이론을 전혀 신뢰하지 않았고 연구의 목적 또한 출생 순위 효과가 아닌, IQ 검사의 신뢰성에 두었다. 그리고 여러 해 동안 신병 전체를 대상으로 IQ 검사를 실시한 노르웨이 군 데이터를 바탕으로 크리스텐센 연구팀은 18~19세 소년 24만 명의 자료를 12년 동안 추적했다. 그 결과 둘째보다는 맏이가, 그리고 셋째보다는 둘째가 IQ가 높다는 점을 확인할 수 있었다. 의도하지 않았지만 출생 순위의 영향이 드러난 것이다. 크리스텐센 박사는 그 차이가 맏이가 받게 되는 집중적인 관심과 관련 있다고 보았다.

대부분의 연구가 남자를 대상으로 했다는 점은 안타깝다. 설로웨이는 두툼한 저서에서 정치, 과학, 종교계의 위인들 수천 명을 살폈다. 과거뿐 아니라 현재의 인물들도 포함되었지만 여자는 없었다. 맏아들을 대상으로 밝혀진 것처럼 맏딸들도 동생들보다 평균 지능이 높다고 말할 수 있을까? 페이페이 부의 연구가 전 세계적으로 그토록 널리 인용된 이유가 바로 거기 있다. 데일리 메일, 저팬 타임스*Japan Times*, 뉴질랜드 헤럴드*New Zealand Herald* 등의 언론, 그리고 수많은 인터넷 사이트에서 페이페이 부의 연구 결과를 다뤘다. 오로지 남성들만을 대상으로 여러 해 동안 그 모든 연구가 이루어진 뒤에 마침내 페이페이 부가 맏딸들 역시 유능하고 동기부여 수준이 높다는 점을 보인 것이다.

첫째 딸은
왜 말을 잘할까?

　　　　페이페이 부는 맏딸들이 학업에 더 열정적이고 성실한 것은 부모로부터 온전한 관심을 받았던 시기 덕분이라고 보았다. 그런데 또 다른 측면을 언급하는 이들도 많다. 수학이나 다른 과목과 달리 언어 측면에서 맏이들이 눈에 띄게 탁월하다는 것이다. 이와 관련해서는 어린 시절에 맏이가 어른들에게 둘러싸여 있다는 점 외에는 이유가 될 만한 점을 찾기 어렵다. 어린아이는 화제가 무엇인지는 전혀 모르더라도 귀에 들리는 모든 것을 작은 두뇌에 저장한다. 그러다가 어느 시점이 되면 '엄마'와 비슷한 소리를 내기 시작해 부모를 기쁘게 한다.

　사실 아이 입장에서 보면 첫 단어는 부모를 특별히 생각해서 발음한 것이 아니다. 아, 어, 오, 우 등은 어느 대륙의 아이든 가장 먼저 발음하는 소리이다. 일반적인 발달 유형을 따라가는 아이는 이어 신나서 꺅꺅대는 소리를 지를 것이다. 7개월쯤부터는 옹알이가 시작된다. 'ㅁ' 소리는 상대적으로 발음이 쉬우므로 '멈멈'은 아이가 최초로 내는 소리 중 하나이다. 비자발적인 진화 단계인 것이다. 아이는 그 단어의 뜻을 모른다. 다만 자연이 그 순간 엄마의 양육 동기가 대폭 높아지게끔 해놓았을 뿐이다. 엄마라고 부르는 소리를 듣게 되면 엄마의 애착은 한층 더 강해진다.

곧 아이는 더 많이 말하게 된다. 부모는 신나고 자랑스러운 표정으로 아이가 첫 단어들을 계속 반복해 연습하도록 한다. 할머니, 할아버지, 삼촌과 이모들, 부모의 친구들, 이웃들이 몰려와 아이 소리에 귀를 기울인다. 입 떼는 시기가 이르든 늦든 "벌써 말을 시작하다니 대단해!"라고 칭찬한다. 어른들은 아이가 말하는 것을 한 번 더 듣기를 간절히 원한다. 혹시라도 자기를 부르는 것 같은 소리가 나면 손뼉을 치고 "정말 똑똑한 아이라니까!"라고 환성을 지른다. 이런 반응 덕분에 아이는 말하는 것을 자랑스럽게 여기게 된다. 무언가 새로운 단어를 말할 때마다 칭찬하고 안아주는 사람이 있다. 말하기는 곧 관심을 받는 방법이고 결국 더 많이 말하도록 동기가 부여된다.

오스카상을 받는 건 좋지요. 정말 좋아요. 다만 한 가지 안 좋은 것은 드레스에 하이힐을 신고 배에 힘을 준 채 레드 카펫을 밟아야 한다는 거죠. 정말 질색이

에요.   – 셜리 매클레인Shirley MacLaine, 아이엠디비닷컴imdb.com 기사 중에서

페이스북 COO 셰릴 샌드버그도 저서 《린인Lean In: Women, Work, and the Will to Lead》에서 같은 점을 언급했다. 미국의 최근 연구에 따르면 부모들이 아들보다는 딸과 더 많이 대화하는 경향이 있다고 한다. 아들은 더 어린 나이부터 혼자 밖에 나가 놀게 된다. 또한 아들은 어떻게 올바로 행동해야 하는지 훈계를 듣는 반면 딸은 대화 상대가 된다. 엄마들은 감정적으로 더 복잡한 대화를 딸과 나누는 경향이 있고 이는 딸들의 감정 관련 어휘를 더 발달시키는 계기가 된다.

이렇게 하여 자연적인 자기 강화 효과가 자리 잡는다. 언어 숙달은 자아 이미지의 일부를 구성할 수 있다. 아이는 주변 어른들의 언어를 흉내 내고 한마디 뱉을 때마다 관심을 집중시키면서 자신이 언어에 특별한 재능이 있다고 믿게 된다. 그리고 정말로 재능을 보이게 된다. 여자아이가 학교에 들어가고 이후 공부를 계속하면서 더 나은 성과를 보이는 또 다른 이유도 여기에 있는지 모른다.

기대를
충족시키기 위해

부모들은 맏아이에 대해 기대를 많이 하게 마련이다. 비현실적

첫째 딸로 태어나고 싶지는 않았지만

으로 큰 기대를 한다. 아이가 안겨주는 기적에 압도되어 다른 사람들도 놀라게 할 것이라고 생각한다. 말로는 표현 안 한다 해도 자기 아이가 모든 통계와 수치를 넘어설 것이라 믿는다.

객관적으로 맏아이가 더 멋지다는 것은 두말할 필요가 없다. 평균적으로 배변훈련도 더 빨리 마치고 말하기와 걷기도 더 빨리 하게 된다. 농담처럼 들리지만 여기에 진실이 있다. 부모들은 처음 해보는 육아인 만큼 제대로 해내고 있다는 확신을 원한다. 통계치도 중요하지만 진짜 확신은 살아 있는 증거인 아이, 예외적으로 탁월한 바로 그 존재에서 온다.

아이 또한 부모의 인정을 갈망한다. 자기에게 주어지는 애정과 보살핌을 잃고 싶지 않은 것이다. 아주 어린 시기부터 아이는 부모가 얼마나 필요한 존재인지 본능적으로 안다. 혼자서는 아무것도 해낼 수 없으므로 아무리 비현실적인 기대 수준이라도 맞추려 한다. 스스로 그 수준을 판단하기는 불가능하므로 아이는 그저 시도할 뿐이다.

일부 맏딸들은 부모로부터의 압력을 회피해버리기도 한다. 주어진 높은 기준을 달성하지 못한다고 느끼면 아예 시작도 하기 전에 포기하는 것이다. 이런 선택은 실패와 기회 손실의 삶으로 이어진다. 우리 연구의 대상이 된 몇몇 둘째 딸들은 언니가 어떻게 거부로 일관된 삶을 살았는지 알려주었다. 그 맏딸들은 마치 장애물만 나오면 멈춰 서서 뛰어넘기를 거부하는 말 같았다고 한다. 그리하여 성취를 이루는 역할은 둘째 딸에게 넘어갔다는 것이다.

가문의 후계자라는 전통적 관념이 변화하고 있다고는 해도 맏아들 또한 높은 기대 수준이라는 문제와 맞닥뜨린다. 일부는 그 기대를 충족시키지만 나름의 길을 찾거나 아예 주어진 길을 거부하는 경우도 많다. 맏아들이 물러서고 나면 여동생이 맏딸 역할을 하게 된다. 이런 여동생의 출생 지위는 처음부터 맏딸로 태어난 경우와는 다르다. 부모의 행복도는 첫아이가 태어날 즈음에 최고를 기록하기 때문이다. 둘째나 셋째 아이 출생 때는 강도가 줄어든다. 둘째 출생에 앞서 부모가 아무리 행복하다 해도 이는 맏이가 태어날 때보다는 덜하다. 둘째는 첫째의 확고한 지위를 어떻게든 나눠 가져야 하는 도전에 당면한다. 그리고 이는 첫째에게 큰 영향을 미치게 된다.

착한 소녀의 껍질을 깨고 나왔던 때

몇 시간째 친구와 나는 지도 위에 머리를 박고 열중해 있었다. 네덜란드의 지리 지식에서 또다시 나쁜 점수를 받기는 정말 싫었기 때문이다. 그렇게 열심히 공부하는데도 지리 점수가 왜 계속 나쁜지 도무지 알 수 없었다. 나는 잠을 줄여서라도 숙제를 마쳤고 중요 도시들 이름은 다 알고 있었다. 그래도 소용없었다. 선생님이 네덜란드 영토 모양만 그려진 빈 지도 어딘가에 나무 막대기를 갖다 대고 지명을 쓰도록 하면 나는 엉뚱한 명칭을 쓰곤 했다. 암스테르담, 로테르담, 헤이그처럼 큰 도시는 문제없었지만 조금 작은 도시들은 구별할 수 없었다.

또다시 낮은 점수를 받고 눈물을 펑펑 쏟으며 집에 돌아간 다음 날 어머니가 지리 선생님을 만나러 오셨다. 맏딸 때문에 근심 가득한 어머니 표정에 선생님은 참지 못하고 웃음을 터뜨렸다. 그러면서 내가 기억력도 좋고 노력도 많이 하는데 어째서 지리 성적이 제대로 나오지 않는지 선생님 자신도 의아하다고 말했다. 그런데 지리 과목이 내게 그토록 큰 스트레스와 슬픔을 안겨주었던 이유는 정기 건강검진에서 밝혀졌다. 내가 근시여서 안경을 써야 한다는 진단이 나온 것이다.

1964년이었고 내가 열 살 때였다. 당시 안경테에 대한 선택의 폭은 아주 좁았다. 내 첫 안경을 맞추면서 내가 결정할 수 있었던 사항은 안경테 위쪽을 푸른색으로 할지, 붉은색으로 할지뿐이었다. 나는 가능한

한 눈에 덜 띄게끔 파란색을 선택했다. 이미 보조기를 차고 다니는 상황에서 안경까지 써야 한다는 점이 마음에 들지 않았다. 나는 여기저기 결함이 많은 내 자신이 부끄러웠다. 부모님이 이렇게 불완전한 딸을 두게 된 것도 슬펐다. 부모님은 분명 이런 딸의 모습을 기대하지는 않았을 것이었다.

보조기와 안경은 동생들과 나를 분명히 구별 지었다. 동생들은 아무 기구도 필요 없었을 뿐만 아니라 나와 달리 사교성이 좋아 쉽게 친구를 사귀었다. 네 살 어린 여동생은 같은 반 친구들 생일 때마다 초대를 받았다. 두 살 어린 남동생은 상급반 애들과 어울려 운동장을 휩쓸고 다녔다. 동생들은 학교 애들 모두와 잘 알고 지냈다. 반면 나는 보조기를 차고 안경을 쓴 수줍은 아이였고 친구라곤 단 한 명뿐이었다.

그해 말, 예상치 못한 변화가 생겼다. 네덜란드어를 한마디도 못하는 핀란드 출신의 마렛이라는 여자아이가 갑자기 우리 반에 들어왔다. 어머니와 네덜란드로 이사했다고 했다. 우리는 신이 나서 킥킥댔다. 코딱지만 한 동네의 열 살짜리들에게 엄청난 일이 일어난 것이다. 그런데 선생님은 내게 믿을 수 없을 정도로 영광스런 임무를 주셨다. 선생님은 나를 포함해 세 명이 돌아가면서 마렛에게 네덜란드어를 가르치도록 했다. 다른 두 아이는 우리 반의 최고 우등생들이었다. 내가 그 둘과 함께 묶이다니 정말이지 우쭐할 일이었다.

우리는 한 시간씩 돌아가며 교실 제일 뒤에서 마렛에게 속삭이는 소리로 말을 했고 나머지 학생들은 정상적으로 수업을 들었다. 그 시간은 내 자존감에 기적을 일으켰다. 언젠가 우리가 읽고 있던 이야기의 주인공 동물이 무엇인지 알려주기 위해 내가 온 교실을 개구리처럼 뛰어다녔던 일은 또렷이 기억에 남아 있다. 그때 선생님은 굳이 그렇게까지 할 필요가 있냐는 듯 눈썹을 치켰다. 나는 못마땅한 시선을 정면으로 받아쳤다. 몸으로 보여주지 않고 이해시키기는 어렵지 않은가. 그 일이 기억에 남은 것은 그때가 내가 처음으로 착한 소녀의 껍질을 깨고 나왔던 때였기 때문인지도 모른다. 언어 능력이 날 구했다. 안경 낀 작은 개구리에게 처음으로 왕자가 입을 맞춘 순간처럼.

동생이 등장하다

하늘은 푸르다. 구름 한 점 없다. 당신에게는 아낌없는 사랑을 퍼부어주는 엄마와 아빠가 있다. 당신의 새로운 발견 하나, 성취 하나마다 즐거운 박수가 쏟아진다. 당신은 어린 여왕이고 왕좌를 충분히 즐긴다. 그러나 갑자기 지평선 쪽에 구름이 몰려든다. 엄마와 아빠가 당신에게 기울이는 관심이 줄어든 것만 같다. 불룩한 배를 쓰다듬던 엄마는 전처럼 당신을 포근하게 안아주지 못하게 된다. 아빠는 몇 주만 기다리면 곧 동생이 태어난다는 소식을 넌지시 전해준다.

무언가 큰 변화가 일어나고 있다는 어렴풋한 느낌이 들지만 정확히는 알 수 없다. 모든 것이 잘될 것이라 믿어본다. 그러다가 구름 속에서 벼락이 치고 갓난아이가 등장한다. 대체 무슨 일일까? 새로

첫 째 딸 로 태 어 나 고 싶 지 는 않 았 지 만

나타난 동생은 요구하는 것이 몹시 많다. 늘 엄마가 옆에 붙어 있어야 한다. 거긴 당신 자리였는데 말이다. 이 침입자는 대체 뭘까? 삶을 뒤흔드는 벼락이 아닐 수 없다.

선택지 따위는 없다. 동생이 등장하면서 갑자기 당신은 맏이가 된다. 외동으로 굳건히 차지했던 왕좌에서 내려와야 한다는 뜻이다. 왕좌 위 높은 곳이 퍽 마음에 들었으니 아쉬운 일이다. 지금까지는 언제든 부르면 부모가 달려왔다. 당신이 처음 겪는 일은 부모도 처음 겪는 일이었다. 부모 역시 미숙하고 불안했지만 늘 당신을 기쁨으로 여겼다. 방, 침대, 장난감은 온전히 당신만의 것이고 주변 어른들 역시 마찬가지였다. 집안 전체의 여왕이었는데 어떻게 그 자리를 포기한다는 말인가? 하지만 그래야만 한다. 이제부터는 모든 것을 새로 등장한 동생과 나눠야 한다. 혼자서는 아무것도 할 수 없어 늘 관심을 요구하는 무력한 존재와 나눠야 하는 것이다. 부모뿐 아니라 손님들도 동생을 어르고 예뻐하느라 바쁘다. 물론 당신 선물도 가져오긴 한다. 하지만 당신은 바보가 아니다. 그런 선물로 왕좌를 잃어버린 상실감을 달랠 수는 없다. 아무리 어리다 해도 인생의 그런 큰 변화에 깊은 영향을 받지 않을 수 없다.

이디스 나이서Edith Neisser는 1957년의 저서 《맏아이The Eldest Child》에서 어린 동생이 태어난 후 맏이가 겪게 되는 감정을 다음과 같이 흥미롭게 기술하고 있다. "첫째 아이가 느끼는 감정은 '당신을 무척 사랑하지만 아내가 둘이면 두 배로 더 행복할 것'이라고 말하는 남편 앞에서 아내가 느낄 감정과 비슷하다. 내 행복에 꼭 필요한 사람들에게서 절반의 관심만 받게 되는 치욕스럽고 불만스러운 상황인 것이다."

아이에게 애정은 케이크처럼 느껴진다. 누군가 한 조각을 가져가면 그만큼 자기 몫이 줄어드는 것이다. 동생이라는 훼방꾼은 전혀 마음에 들지 않는다. 당신 몫으로 주어지는 시간은 충분치 못하다. 부모는 당신에게 보여야 마땅할 애정을 동생에게 쏟고 있다. 둘째가 태어난 후 첫째에게 조금 더 애정을 주어야 한다는 점을 깨닫고 부모가 노력한다 해도 맏이의 우울한 상황은 좀체 바뀌지 않는다.

맏아이의 경험은 고통스럽다. 버려졌다는 느낌을 받는다. 부모가 동생에게 쏟는 시간을 헤아려보려 하지는 않는다. 따져본다면 아마 놀라게 될 텐데 말이다. 케빈 리먼은 《첫째 아이 심리백과》에서 브리검영대학교 연구 결과를 인용해 4~13세 동안 맏이는 같은 시기 동생에 비해 부모와 훨씬 더 많이 시간을 보낸다고 설명했다. 한두 시간이 아닌 무려 3000시간 이상의 차이라고 한다.

동생이 태어날
때가 다가오면

질투는 우리 모두에게 익숙한 감정이다. 그 감정을 갖지 말라고, 최소한 드러내지는 말라고 교육받지만 늘 그렇게 억누르거나 거부할 수는 없는 노릇이다. 맏이에게 질투는 삶의 일부가 된다. 갑자기 무너져버린 인생에 달리 어떻게 반응한다는 말인가? 당신 자신에게 뭔가 문제가 있었을까? 그래서 부모님이 아이를 하나 더 낳게 된 것일까? 부모와 당신은 셋이서 충분히 행복하지 않았나? 심리학자들은 동생 출생이 임박했을 때 질투 신호가 나타나게 된다고 언급한다. 이 천둥 혹은 벼락과 같은 일이 닥쳤을 때 맏이들의 평균 나이는 두 살이다. 질투심과 함께 관련된 감정과 반응, 생각이 찾아온다. 물론 타고난 기질, 그동안 쌓아온 자기존중감, 엄마의 임신 기간과 동생 출생 후 일어난 상황에 대한 이해 수준 등에 따라 정도는 달라진다.

질투심은 질투할 대상이 있을 때만 일어난다. 모든 아이들이 동일한 방식으로 반응하지는 않으며 나이도 중요한 요소이다. 두 살짜리 여자아이는 이제 막 걷기와 말하기를 시작하고 독립성을 얻기 시작한 상태이다. 싫다거나 안 한다는 말로 거부 의사를 표현해 부모를 당황하게 만들기도 한다.

상황을 제대로 통제하기에는 도저히 여력이 안 되는 부모를 상상해보자. 맙소사, 조금 전까지만 해도 얌전히 앉아 있던 아이가 칼을 휘두르며 바다를 향해 내달리는 꼴이다. 아동심리학자나 유아교육 전문가들은 두 살이라는 나이가 독립성을 위해 부모와 갈등을 빚기 시작하는 때라고 한다. 동생의 등장은 도움이 되지 않는다. 부모와 셋이서 지내며 온전한 관심을 받을 수 있는 시간이 갑자기 대폭 줄어든다. 여기에 더해 물건을 마음대로 만지지 말라고 한다. 부모가 당신을 덜 사랑하게 된 걸까? 그래서 자유롭고 자신 있게 돌아다니지 못하게 하는 걸까?

리세터는 온 가족이 모였을 때 어쩐지 자신을 억제하게 된다는 점을 몇 년 전에 인식했다. 반면 부모님과 셋만 있게 되는 드문 상황에서는 쉴 새 없이 사는 얘기를 떠들어대곤 했다. "부모님과 저만 있을 때, 가족의 본래 모습으로 돌아갔을 때 자유롭고 행복하게 느꼈다는 건 참 흥미로운 지점이죠. 남동생 둘과 여동생이 등장해 우리 삼위일체를 깨뜨리기 이전 상태로 돌아간 듯 마음이 편해지는 거예요."

> 남동생은 애교 넘치는 고양이예요. 집안에서 제일 재밌는 존재죠.
>
> – 우피 골드버그Whoopi Goldberg, 〈더 뷰*The View*〉 기사 중에서

화가이자 작가인 얀 오머로드Jan Ormerod는 네 자매의 막내로 호주에서 성장했다. 이제 두 딸을 둔 엄마인 얀은 아이의 행동에 대한 이해를 바탕으로 멋진 그림책을 만들고 있다. 《아이 교환*The Baby Swap*》이라는 책을 보면 다음과 같이 말하며 분노한 맏딸이 등장한다. "남동생 아기는 전혀 원하지 않았어. 냄새 나고 지저분하잖아. 재미도 없고 늘 엄마 무릎을 차지하지. 제대로 된 다른 아기랑 바꿔야겠어."

연구자들은 둘째가 태어나면서 맏딸은 슬픈 반응을 보이는 경우가 많지만 맏아들은 몸부림치거나 싸우거나 장난감을 망가뜨린다고 한다. 남자아이는 못마땅한 마음을 겉으로 드러내는 반면 여자아이는 더 조심스럽게 행동한다. 혼란과 갈등을 속으로 삼켜버리고 겉으로는 아무 일 없는 척한다. 가족 상황이 완전히 뒤바뀐 마당에 분노를 드러내는 것은 위험하다고 느끼기 때문이다. 부모가 새로 얻은 동생을 예뻐하는 데 민감하게 반응하면서 여자아이는 다른 접근법을 모색한다. 성가신 동생 때문에 짜증이 난 세 살짜리 여자아이는 여동생을 쓰레기통에 집어넣기도 한다. 그러면 다시 세상이 자기를 중심으로 돌 것이라 생각하는 것이다. 어느 맏딸은 아무도 안 볼 때 동생을 꼬집곤 했다고 털어놓아 많은 맏딸들의 공감을 사기도 했다. 물론 이런 경우에 동생은 바로 울음을 터뜨리고 엄마는 허둥지둥 달려와 동생한데 무슨 짓을 했느냐고 물을 것이 뻔하다. 당신이라면 어떻게 대처하겠는가? 아마 영문을 모르겠다는 눈빛으로 엄마를 바라보며 결백을 주장해야 할 것이다.

"넌 이제 다 컸잖아."

가장 중요한 것은 부모의 태도이다. 부모는 맏이
가 동생 출생의 불안정한 시기를 최대한 잘 넘기도록 이끌고 싶어
한다. 동생을 본 것에 기뻐하지 않는 맏이 모습에 부모가 실망할 수
도 있다. 완벽하게 행복한 가족이라는 이미지가 깨지는 순간이다.
늘 사랑스러웠던 맏이는 갑자기 손쓸 수 없을 만큼 말썽을 부리게
된다. 이미 지나쳐온 단계로 되돌아가는 퇴행도 일어난다. 갑자기
젖병으로 먹겠다고 떼를 쓰고 엄마 무릎에서 내려가지 않으려 든
다. 말 잘 듣고 착하던 아이가 돌변하는 것이다.

나이 또한 매우 중요하다. 동생을 본 나이가 어릴수록 맏이는 부
모가 이제 더 이상 자신을 좋아하지 않게 되었다는 결론에 이르기
쉽다. 반면 외동으로 지낸 시간이 충분히 길었다면, 앞서 비유한 것

처럼 케이크의 큰 조각을 차지하고 지낸 시기가 오래되었다면 자신이 사랑받고 있다는 확신이 탄탄하다.

두 살짜리에게 간식을 주기 전에 먼저 갓난 동생에게 젖을 먹여야 한다는 점을 설명하기는 쉽지 않다. 부모는 질투심에 불타는 맏이를 위해 어떻게든 시간을 할애해줘야 한다. 겉으로 속마음을 드러내지 않는 맏이, 나이가 들어 이해심이 많은 맏이라 해도 부모는 최선을 다해 관심을 나눠줘야 한다. 안타깝게도 맏이는 꼭 곤란한 순간에 관심을 요구한다. 동생이 자고 있을 때는 얌전하다가도 기저귀를 갈거나 우유를 먹이느라 분주한 순간이 되면 벽에 잼을 묻히는 등의 사고를 친다. 이럴 때 엄마들은 어떻게 반응할까? 대부분 꾸중을 하게 된다. 이런 순간에 맏이가 필요로 하는 애정 어린 관심을 준다는 것이 안타깝게도 늘 가능하지는 않다.

많은 부모들은 맏이가 동생 돌보는 일에 참여하도록 하는 방법을 쓴다. 맏이가 이를 통해 가족의 중요한 일원임을 느끼게 하려는 것이다. 이와 함께 아무것도 못하는 무력한 동생과 대비해 맏이를 칭찬하는 일도 함께 이루어진다. 동생에게 젖병을 물려준다든지, 동생을 위한 목욕물의 온도를 확인하면서 진지하고 자부심 넘치는 표정을 짓는 어린 맏딸들을 심심찮게 볼 수 있다. 물론 그러면서도 이들은 쇼핑 카트에 단것을 너무 많이 담는 등 아이 같은 행동도 보여준다.

젊은 부모는 아이가 태어나면서 조화롭고 평화로운 삶이 도저히 불가능해졌다는 점을 깨달을 필요도 있다. 아이는 큰 소리로 울어대고 온 사방에 먹을 것을 던져버린다. 부모 노릇을 하다 보면 수면 부족으로 온몸이 녹초가 된다. 그런 때면 자식 없이 편히 살며 한 달 동안 휴가를 떠날 수 있는 친구들이 못 견디게 부러워진다. 삶이 한순간 멋지다가 곧 다음 순간 괴로워질 수 있다는 점을 부모와 맏이가 함께 배워간다. 부모는 맏딸이 나름의 반응을 보일 수 있도록 해줘야 한다. 극단으로 가지만 않는다면 이 시기의 질투 행동은 지극히 정상적이다. 얼마간 시간이 지나면 자연스럽게 사라진다. 가장 중요한 것은 부모가 맏이를 얼마나 사랑하는지 분명히 알려주는 것이다. 정신없는 일상이 흘러가면서 때로 부모는 사랑을 확인시켜주는 행위를 잊어버릴 수 있다. 하지만 아이는 사랑한다는 말을 아무리 많이 들어도 충분하지 않다.

첼시가 딸 샬롯을 돌보는 모습을 지켜보는 것만큼 기쁜 일은 없다. 샬롯은 너무도 감동적인 존재이다. 세계 최고의 엄마를 두었다는 점에서 그렇다.

— 힐러리 로드햄 클린턴, 유튜브 영상에서

집안일을 도와주는 역할

부모님이 바쁜 집안일을 도와달라고 할 때 맏딸인 당신에게는 어떤 일이 일어난 것일까? 벌써 다 커서 혼자서 더 많은 일을 해낼 수 있다는 뜻일까? 부모는 맏딸이 가족의 일원으로서 소속감을 느끼게 하려는 생각도 있지만 일상의 절실한 필요도 작용한다. 한 팔에 아이를 안고 어깨와 턱 사이에는 전화기를 끼고 통화하면서 나머지 한 손으로는 맏이가 입은 외투의 단추를 채우려 애쓰는 엄마 모습을 상상해보라. 엄마는 어쩌면 더 이상 할 필요가 없는 일을 하고 있다는 생각이 들 것이다. 그리고 다음번에는 맏이에게 직접 외투 단추를 채우도록 한 뒤 아낌없는 칭찬을 퍼붓는 단계로 옮겨갈 것이다.

자기 일을 해내면서 동시에 아이를 키우는 요즘의 어머니들이 흔히 겪는 상황이다. 물론 바깥일을 하지 않고 남편이 나가서 생활비를 벌어오는 동안 집안일을 혼자서 처리했던 과거의 엄마들도 맏이에게 도움을 요청하곤 했다.

어렸을 때부터 집안일을 도왔다는 맏딸들의 사례는 쉽게 찾을 수 있다. 아홉 식구 가족 출신이라는 어느 맏딸은 엄마가 다섯째 여동생을 하루 종일 돌보게 했다고 말해주었다. 그날 이후 그 동생을 돌보는 일은 자연스럽게 맏딸의 일이 되었다고 했다. 그리고 오랜 시간이 흘러 모두 어른이 되었을 때에야 맏딸과 다섯째 동생은 자매 관계로 돌아갔다고 한다.

식구 수가 이보다 적더라도 부모들은 맏이에게 잠깐 아이를 보게 한다든지 자리를 비우면서 유모차 옆을 지키게 하는 일 따위를 시킨다. 수영장에서는 아직 수영을 못하는 막내에게서 떨어지지 말라고 당부하기도 한다. 바쁜 엄마에게 이런 일은 사소하게 보이겠지만 맏딸들은 어른이 된 후에도 그 일이 얼마나 막중한 책임이었는지를 잘 기억한다. 딸에게 부담을 지우지 않으려는 부모라 해도 어쩔 수 없는 상황은 발생하곤 한다.

톰 호지킨슨Tom Hodgkinson은 아이의 책임감에 대해 다른 시각을 제공한다. 오늘날 우리가 아이의 행복을 지나치게 고려하고 있다는 주장이다. 그는 《즐거운 양육혁명The Idle Parent》이라는 책에서 게으른 부모가 되라고 제안했다. 프리랜서로서 그는 최고의 아이디어들이 하나같이 오전 늦게까지 침대에 누워 빈둥거릴 때 떠올랐다는 점을 깨달은 것이다. 물론 바깥세상의 눈으로 볼 때 빈둥거리기는 분명 '게으른' 행동이지만 말이다.

이 깨달음을 계기로 호지킨슨은 게으름을 다른 시각에서 보게 되었다. 열 살 미만의 세 아이를 키우던 그는 자녀들을 제대로 자극하고 최고로 돌보려는 부모였다. 하지만 게으른 부모가 되어 아이들이 뭐든지 혼자 직접 하도록 잠시 내버려둔다면 어떻게 될까 궁금해졌다. 그리고 실제로 해보았더니 아이들은 충분히 자신을 돌보는 존재로 성장했다. 자존감이 높고 자립심도 강한 모습으로 자랐다. 그래서 그는 아이들을 그냥 내버려두라고 조언한다. 설거지와 요리, 정원 손질에도 충분히 참여시키며 알아서 세상 사는 방법을 터득하도록 기회를 주라는 것이다.

첫째 딸로 태어나고 싶지는 않았지만

또래보다 성숙하다 해도 네 살 정도까지의 아이는 무엇이든 놀이로 받아들인다. 어른들이 전혀 좋아하지 않는 일들도 예외가 아니다. 맏딸들이 해야만 하는 설거지, 동생 돌보기, 잔디 깎기 등도 마찬가지다. 아무리 나이 어린 아이라 해도 정말로 그런 일을 놀이로 생각할 수 있는지는 논란의 여지가 있다. 하지만 아이를 믿고 맡겨보라는 호지킨슨의 조언은 충분히 가치가 있다. 부모들은 동생이 태어난 다음에야 어쩔 수 없이 맏이에게 자유를 부여한다. 그야말로 다른 방법이 없어서 말이다.

이끄는 사람
혹은 돌보는 사람

　　맏딸들은 이끄는 사람 혹은 돌보는 사람으로 종종 분류된다. 이끄는 사람은 책임을 즐긴다. 돌보는 사람은 늘 남들을 행복하게 하려고 애쓴다.

　실제 사례를 보면 맏딸들이 동시에 두 가지 역할을 맡는 경우가 종종 있다. 세상의 고통에 책임감을 느끼는 리더가 되어 돌보는 역할까지 담당하는 것이다. 리세터가 그 예이다. 물론 늘 리세터가 돌보는 역할을 하는 것은 아니다. 아픈 이웃이나 도움이 필요한 친구에게 전화 거는 일은 자주 잊어버리기도 한다. 하지만 단체의 대표 같은 역할을 맡은 상황이라면 스스로도 놀랄 정도로 세심하게 회원들을 배려한다.

　반면 비스는 자신을 리더라고 여기지 않는다. 대신 주변 사람들을 돌보거나 요리하는 일을 좋아한다. 자신을 먼저 잘 돌봐야 남도 돌볼 수 있다는 점은 뒤늦게 힘든 과정을 거쳐 깨달았다. 그런데 이러한 비스도 부엌에서만큼은 마치 배의 선장이라도 된 듯 일사불란한 명령을 내린다. 자신이 있는 곳에서 무언가 처리할 일이 생기면 기꺼이 나선다. 알아차리지도 못한 채 리더의 행동을 하는 것이다. 이렇듯 우리는 리더이면서 동시에 돌보는 이가 될 수 있다. 심리학자들이 정해놓은 양극단은 자신이 어느 쪽에 더 가까운지 판단할 때 도움이 되는 정도이다. 실제로는 수많은 흥미로운 변형이 존재한다.

맏아이 출신의 리더는 대부분 리더 자질을 타고났다기보다는 상황 때문에 리더의 모습을 갖게 된다. 우선 인생 초기에 부모의 집중적 관심을 받았다는 요소가 있다. 그 작은 분홍색 손가락으로 무엇을 하든 시선이 집중된다. 관심을 유지하려면 언제든 가능한 순간마다 눈길을 끌어야 한다. 의자에 기어올랐더니 어른들이 미소를 짓는다면? 그럼 아이는 그 행동을 계속 반복한다. 통통한 팔을 엄마가 하듯 움직여서 박수가 쏟아질 수도 있다. 어린아이로서 당신의 목표는 어른들을 통제하에 두는 것이다. 무언가 새로운 일을 시도하면 늘 관심이 집중된다. 단순하다.

동생이 태어난 직후는 아닐지 몰라도 얼마간 시간이 지나고 나면 맏이인 당신이 성탄 때 작은 공연을 준비하거나 엄마 생일에 아침식사 쟁반을 침실에 가져가는 일을 주도하게 된다. 어른이 된 뒤 한참 지난 시기까지도 동생들은 당신이 꼬마 리더로 활약했던 이야기를 하면서 웃음을 터뜨릴 것이다. 마찬가지로 학교에서 선생님이 질문을 던질 때도 당신은 처음으로 대답하는 학생, 혹은 정답을 제시하는 학생이 되고 싶어 한다.

리더의 행동 때문에 당신은 자기도 모르게 동생이나 동급생들의 순서를 가로채게 되기도 한다. 사실 그들 역시 자기 존재와 능력을 과시하고 싶어 한다. 하지만 맏딸인 탓에 당신은 자기가 리더 행세를 한다는 것을 전혀 모르기 쉽다. 그저 앞장서는 것이 옳다고 생각할 뿐이다. 그럼으로써 자신이 중요한 존재라고 느끼는 것이다. 그래서 당신이 해놓은 일에 남들이 가치를 인정하지 않으면 실망한다. 일을 잘 처리하려고 열중한 나머지 남들을 과도하게 통제하고 있다는 점은 깨닫지 못한다.

> 저는 일에 집중해요. 늘 무언가를 만들어내죠. 그래서 퍽 바빠요. 작업과 함께 숨 쉬고 살아가거든요. 전 제가 하는 일이 좋아요. 그 메시지를 믿어요. 멈춰서는 일은 없어요.   – 레이디 가가Lady GaGa, 굿리즈닷컴Goodreads.com 중에서

반면 돌보는 성향의 맏딸이라면 착한 사람이 되어 부모의 사랑을 얻겠다는 무의식적인 결론을 내렸을 것이다. 호들갑 떨며 사방을 챙기는 것을 가장 좋아하고 평화와 조화를 목표로 한다. 어쩌면 여덟 살 때부터 부엌에서 아픈 엄마와 식구를 위해 저녁 준비를 했을지도 모른다. 아버지가 바라는 대로 학교에서는 좋은 성적을 받기

위해 최선을 다하면서 말이다. 모두에게 잘하려고 노력하다가 결국 나중에야 그것이 달성 불가능하다는 점을 깨달을 것이다. 처음 목표는 엄마와 아빠로부터 인정받는 것이고 나중에는 주변 권위자의 인정을 추구하게 된다. 예를 들어 선생님이 당신의 진가와 능력을 알아보고 좋아해준다는 점을 알고 나면 활짝 피어난다.

비판적인 성향의 부모를 둔 장녀들은 세상 속에서 자기 위치가 불안하다는 느낌을 받게 된다. 사랑에서 비롯된, 당신을 보호하려는 마음으로 부모가 자신들이 저질렀던 모든 실수를 예방하려 들면서 지속적으로 실수를 지적하는 경우에도 마찬가지다. 이렇게 되면 자신을 높이 평가하지 못하는 사람으로 성장하게 된다. 남들 눈에는 놀라운 성공을 거두었으면서도 내면으로는 여전히 미흡하다고 여기는 것이다.

돌봐주는 사람으로서 당신은 분위기 깨는 사람이 되기 싫은 마음에 하고 싶지 않은 일도 떠맡고 만다. 당신을 이용하려는 사람들의 좋은 먹이가 되는 셈이다. 이 유형의 딸들에게 가장 중요한 것은 제일 먼저 돌봐야 할 존재가 자기 자신이라는 깨달음이다.

특별한 유대를 맺고
최선을 다하다

부모가 둘째를 돌보느라 정신없이 바쁠 동안 맏딸은 종종 다른 가족에게 맡겨지기도 한다. 할머니, 할아버지, 이모나 고모, 삼촌, 선생님, 이웃 등이 맡아주곤 하는데, 그래서인지 맏딸들에게 가장 좋아하는 사람이 누구냐고 물어보면 다정한 할머니나 이모라는 답변이 자주 나온다. 어른이 된 다음까지 이어지는 특별한 유대가 형성되는 것이다. 비스는 늘 시간을 내주고 자기를 귀하게 여겨주었던 이모를 잘 기억한다. 어른이 된 지금도 이제는 돌아가신 이모가 자신을 격려하는 소리를 듣게 된다고 한다. 이모 역할을 하고 있는 리세터가 조카들과의 관계에서 목표로 하는 것도 바로 그런 모습이다.

　맏이들이 마주하는 또 다른 측면은 동생이 등장하면서 비교가 시작된다는 것이다. 부모는 자녀들을 비교하는 경향이 있다. 동생을 보러 온 어른들이 금발 곱슬머리를 보며 감탄한다면, 맏이는 이를 예민하게 알아차린다. 동생이 더 예쁜 걸까? 내 갈색 머리는 보기 싫은 건가? 손님들이 눈치 없이 동생의 금발 곱슬머리를 칭찬한다는 것을 이해하는 나이라 해도 마음의 상처는 몇 년씩 이어질 수 있다. 부모가 인내심과 사랑으로 맏딸의 그런 상황을 감싸준다면 다행스러운 일이다. 당신을 위로하기 위해 부모는 당신이 이룬 성취들을 자랑스럽게 말해줄 것이다. 이런 칭찬의 말은 당신이 한층 더 노력하도록 독려하는 역할을 한다. 이것이 동생의 등장이라는 난제에 대한 해결책 중 하나이다. 최선을 다함으로써 부모를 행복하게 하고 당신을 잊지 않도록 만드는 것 말이다.

어른스러운 언니로서 느꼈던 불안감

두 살짜리에게 여동생이 생겼을 때 나는 어땠을까? 기억이 잘 나지 않는다. 다만 사진을 보면 갓난 동생을 돌보는 엄마를 열심히 돕는 모습이 많다. 다른 부모들처럼 우리 부모님도 내가 동생 돌보는 일에 가능한 한 많이 참여하는 것이 좋다고 생각했던 것 같다. 특정 상황은 모르겠지만 느낌은 떠오른다. 불안감이라 부를 만한 느낌이다. 그 나이 아이에게 불안감이란 말이 좀 이상하기는 하지만 말이다. 사진 속에서 동생과 함께 있는 나는 보호자의 모습이다. 나막신을 신고 불안한 걸음을 옮기는 두 자매를 찍은 사진에서 동생은 내 옷을 꽉 움켜잡고 있다.

유치원 교실에서 찍힌 사진도 있다. 동생이 교실에 잠깐 들어와도 좋다는 허락을 받은 것이다. 나는 몸을 굽히고 한 손은 동생 배에, 다른 손은 등에 대고 있다. 동생은 호기심 어린 시선으로 주변을 둘러본다. 동생이 조금 커서 유모차를 타게 되었을 때 찍은 사진 속에서는 내가 유모차 손잡이를 잡고 동생은 만화책을 읽는 척하며 웃고 있다. 그 시절 사진에서 동생은 늘 우스꽝스럽게 장난을 치는 모습이다. 내가 늘 다음번에 무엇을 하고 놀까 고민하며 진지했던 것과 달리 동생은 바보스러운 행동을 많이 했다.

둘 다 발레 옷을 입은 사진도 있다. 동생은 아주 사랑스럽지만 나는 조금 뻣뻣하고 어색하다. 초등학교 때 아바Abba 음악에 맞춰 공연하기 직전의 모습이다. 나는 열중해서 춤을 다 추고 난 다음에야 내 의상 뒤 지퍼가 제대로 잠기지 않은 상태였다는 것을 알았다. 따로 발레 수업을 받은 동생은 나보다 실력이 나았지만 그래도 나를 따라 했다. 지금 생각해보면 그때 나는 동생이 늘 내 말을 잘 들을 것이라 믿었던 것 같다.

출생 순위 영향에 대한 연구들에서 나타나는 전형적 유형을 나는 그야말로 충실히 따라왔다. 나는 맏이로 어른스러운 존재였던 반면 동생은 어리고 장난기가 넘쳤다. 남들도 우리 자매를 늘 그런 시선으로 바라보았다. 아버지와 나, 그리고 동생이 함께 등산 갔던 때가 생각난다. 동생은 자기 몸의 세 배는 되는 굵기의 큰 나무를 몹시 마음에 들어 했다. 아버지가 나무를 배경으로 사진을 찍으려 하자 동생은 바보스러운 표정을 지어 모두를 포복절도하게 했다. 나무를 뒤로 하고 등산을 계속해야 했지만 동생은 말을 듣지 않았다. 뒤에 혼자 남아 고집을 피우던 동생은 결국 나중에야 아쉬운 표정으로 우리를 따라왔다. 그동안 나는 내내 어른스러운 모습으로 아버지와 보조를 맞추었다.

세월이 흘러 드디어 동생이 언니의 간섭을 고마워하지 않는 때가 왔다. 오랫동안 익숙해져 있던 관계 유형이 바뀌는 상황에 적응하기까지 한참 시간이 걸렸다. 이제 우리는 각자 나름의 가정을 꾸리고 바쁘게 살아가는 어른이다. 삶에서 우리가 하는 역할은 바뀌었지만 어린 시절 사진을 한번 보기만 하면 오래된 그 불안감이 다시 생각나곤 한다.

첫째 딸로 태어나고 싶지는 않았지만

첫째와 둘째는
완전히 다른 존재

        아이가 다섯인 집이라면 막내가 태어나면서 위의 네 아이가 모두 손위라는 새로운 지위를 얻게 된다. 둘째 아이는 첫째와는 완전히 다른 가족에 태어난다. 부모는 겉모습이 같을지언정 둘째가 태어나기 전에 첫째를 키우면서 이미 큰 변화를 겪었다. 부모로 변화한 것이다. 맏이인 당신은 기니피그이자 예시 사례로 부모를 교육시켰다. 최근 들어 첫째와 둘째 아이의 차이를 인식하는 부모들이 늘어났다. 자연도 여기에 나름의 손길을 더한다. 형제자매 나이 차이의 평균이 미국의 경우 2.5년으로 나타났다. 영국은 2009년 이후 5개월이 늘어나 평균 3년 8개월이 되었다. 그 기간 동안 부모는 자식에게 품었던 크나큰 기대를 현실화한다. 부모 자신에 대해서도 더욱 현실적인 태도를 지니게 되면서 서로가 담당하는 부모 역할에 익숙해진다. 그뿐만 아니라 나이를 조금 더 먹은 덕분에 더 현명해졌을 가능성도 있다.

둘째 아이는 바로 이런 상황에서 등장한다. 인류학자 카를 쾨니히Karl König는 50대 말에 쓴 책《형제와 자매: 가족 내 출생 순위 Brothers and Sisters: The Order of Birth in the Family》에서 둘째에 대한 공감을 표현한다. 가족 안에 이미 다른 아이가 자리 잡은 상황에서 태어난 아이라는 이유로 둘째 아이는 부모와 셋이서만 온전한 시간을 보내지 못한다. 첫째가 유치원이나 학교에 간 상황이라 해도 그 존재는 늘 인식 가능하다. 첫째가 언제 나가고 들어오는지가 하루 일정을 결정한다. 데려다주고 데려오고 하는 현실적인 필요 때문만은 아니다. 둘째가 부모의 온전한 시간을 차지하지 못하는 이유는 부모에게 맏이의 존재가 이미 분리 불가능하게 박혀버렸기 때문이다. 맏딸인 당신은 집에 있든 없든 늘 부모 머릿속에 자리를 차지한다.

출생 순서는
지울 수 없는 낙인

둘째를 낳은 부모가 아무리 행복하다 해도 당신이라는 맏딸을 처음 만났을 때와는 비교할 수 없다. 새로 태어난 아이는 두 번째라는 이유로 첫째만큼은 새롭지 않다. 이것이 냉혹한 진실이다. 맏딸인 당신에게도 냉혹한 현실이 펼쳐진다. 두 딸을 둔 어느 어머니는 둘

첫 째 딸 로 태 어 나 고 싶 지 는 않 았 지 만

째 분만이 얼마나 쉬웠는지 주변 사람들에게 말했던 것이 맏이한테 부정적으로 받아들여졌다는 점을 뒤늦게야 깨달았다고 한다. 초등학교 교사 출신으로 부모 전문가가 된 마이클 그로즈Michael Grose는 "아이들은 주의 깊게 관찰하고 적극적으로 해석한다."라고 말했다. 둘째 분만이 쉬웠다는 엄마의 말이 맏이에게는 자기 때는 힘들었다는 말로 해석될 가능성이 높은 것이다. 나아가 그럴 필요가 전혀 없는데도 죄책감이나 후회에 사로잡히고 만다.

최근 연구들에 따르면 아기는 아주 이른 시기부터 감정적인 영향을 받는다고 한다. 7, 8개월만 되면 주변 어른들의 감정에 자기 감정을 맞추는 경향이 나타난다. 9개월이 되면 먹거나 씻거나 옷 갈아입을 때 적극적으로 협력하기 시작한다. 누군가 자리를 떠날 때면 손을 흔들고 말을 배우기 한참 전부터도 말과 행동 뒤에 숨은 의도를 이해한다. 표현은 못 한다 해도 가까운 누군가가 불행한 상황이라는 점을 분명히 알아차린다. 그리하여 슬픔을 쫓아내려는 시도도 한다. 집안에 싸움이 벌어지면 아기도 한층 공격적이 되고 집안이 평화로우면 아기도 행복하고 다정하다. 부모의 무릎 위에서 보내는 날들이 쌓일수록 아기는 가족의 생활 방식을 익힌다. 이런 만큼 한때 자신에게 자연스레 집중되던 관심이 갑자기 분산되어버리는 상황을 예민하게 감지할 수밖에 없다.

프랑스의 아동심리학자 마르셀 뤼포Marcel Rufo는 부모의 삶에 아이를 너무 깊숙이 연결시키는 오늘날의 경향에 반대한다. 부모로서 최악의 행동은 초음파 검사에 아이를 데려가는 것이라 한다. 아이가 엄마의 자궁을 들여다보게 하는 것은 거의 근친상간에 다름없다는 것이다. 그는 집에 가져온 초음파 사진으로 동생이 자라고 있음을 알려주고 부모 마음속에는 두 아이를 위한 공간이 충분하다고 사랑으로 확신시켜주는 것으로 충분하다고 주장한다. 비록 속으로는 둘째를 첫째만큼 사랑해줄 수 있을지 의심스럽다 해도 말이다.

아버지는 병을 앓다가 돌아가셨다. 맏딸로서 나는 어머니와 동생들을 돌봐야 했다. 아버지가 떠나시면서 나는 씩씩한 가장이 되었지만 그와 함께 깊은 슬픔도 마음속 깊숙이 자리 잡았다.

- 크리스틴 라가르드, 〈워싱턴포스트*The Washington Post*〉에서

4~12세 어린이를 대상으로 개념 변화를 연구한 하버드대학교의 심리학 교수 수전 캐리Susan Carey는 이 시기를 직관 심리intuitive psychology의 단계라고 부른다. 저서 《어린 시절의 개념 변화*Conceptual Change In Childhood*》(1985)에서 캐리는 바람과 믿음이 행동을 이끌게 되는 설명 체계는 네 살쯤에야 형성된다고 한다. 그는 다음과 같이 설명한다. "아이는 직관적으로 무언가를 만들고 언어를 학습할 능력을 타고나듯 직관 심리 능력 또한 타고난다."

아이는 어릴 때부터 자신과 남들이 어떻게 대우받는지 비교하기 시작한다. 맏딸에게는 금지된 일이 남동생에게는 허락될 경우 그

딸은 '어째서 동생은 해도 되는 걸까?'라는 의문을 품게 된다. '나는 자러 가야 하는데 어째서 동생은 안 자도 되는지' 궁금해진 맏딸은 늦게까지 울어댈 것이다. 그리고 이후로도 끊임없이 자신과 어린 남동생을 비교할 것이다. 비교를 통해 자기가 유리하다는 결론이 나와야 마음이 편해질 수 있다.

오스트리아의 정신의학자 알프레드 아들러Alfred Adler는 한 세기 전, 출생 순위가 성격에 영향을 미친다는 점을 최초로 언급했다. 그는 출생 순위가 지울 수 없는 낙인이라고도 표현했다. 그리고 우리 모두가 때로는 남들보다 덜 귀하다는 느낌을 갖게 된다는 점을 최초로 지적하며 '열등감 콤플렉스'라는 용어를 만들기도 했다. 사람마다 차이가 있을 것이고 또 인생의 어느 시기는 찬란하기만 할지 모르지만 누구든 예외 없이 자신을 남들과 비교하는 순간이 있고 늘 우월할 수는 없다. 우리는 더 나은 사람인 척하면서 이 열등감을 극복한다. 한 극단과 다른 극단을 계속 오가는 셈이다. 이를 맏딸에게 적용해보자. 아기 동생이 태어나면서 맏딸은 자신이 덜 사랑받는다고 느낀다. 그리하여 자기 능력을 과시하여 부모의 관심을 끌고자 한다. 맏딸의 과장된 과시 행동은 침이나 질질 흘리는 침입자에 비해 자신이 훨씬 낫다는 점을 확인시키려는 시도이다.

자기 자리를 지켜내려는 맏딸의 노력은 때로 정반대 방향으로 가기도 한다. 이미 화장실 훈련을 마친 지 오래인데도 갑자기 다시 침대에 오줌을 싸기 시작한다. 엄마 무릎에 앉아 젖병으로 우유를 먹겠다고 떼를 쓴다. 질투심에 사로잡혀 자기도 아기처럼 조그맣게 되고 싶어 한다. 의젓했던 맏딸이 갑자기 부모의 한없는 인내를 요구하게 된다 해도 이런 질투는 지극히 자연스럽다. 전혀 상관없다는 듯 행동한다면 오히려 그것이 더 걱정해야 할 일이다.

뤼포는 맏딸이 불편한 감정을 스스로 솔직히 털어놓게끔 하라고, 그러면서 그 질투를 계기로 자기 모습과 자기가 아닌 모습을 구분하기 시작하게끔 하라고 부모에게 조언한다. 경쟁은 아무리 힘들더라도 결국은 자아 이미지를 굳건히 하는 토대가 된다. 우리 모두 어느 시점에서는 자아 이미지를 확립해야 한다. 자신이 어떤 면에서 독특하고 어떻게 행동하는 사람인지 깨달으면서 진정한 자기로 성장할 수 있다. 맏이는 둘째를 밀어내려 하고 둘째는 맏이를 따라잡으려 한다. 그러면서 부모는 놀랍게도 두 자식이 완전히 다른 존재임을 알아차린다.

부모는 자녀들을
똑같이 대하지 않는다

        한 가족에서 자란 아이들이 비슷할 거라고 여기는 사람은 생각을 고쳐먹을 필요가 있다. 형제자매가 비슷하게 느끼고 관심사를 공유하며 부모가 제공하는 경험에 비슷하게 반응한다는 가정은 오해에 불과하다. 같은 부모에게서 태어난 아이들은 겉모습은 닮았을지 몰라도 성격, 재능, 정서적 안정, 자신감, 기질 등이 완전히 다르다.

    생물학적 측면부터 보자. 형제자매는 가족이다. 즉 50%의 유전자를 공유한다. 이는 체형이나 키, 눈 색깔, 머리가 희끗해지는 나이 등에서 드러난다. 한편 DNA 절반은 동일하다 해도 나머지 절반의 차이는 엄청나게 클 수 있다. 예일대학교 법학대학원 교수인 에이미 추아는 2011년 《타이거 마더*Battle Hymn of the Tiger Mother*》라는 책에서 그 차이에 대해 재치 있게 설명함으로써 전 세계 부모들에게 충격을 안겨주었다.

특히 중국 부모들은 어떻게 그렇게 다들 성공하는 자녀를 키워내느냐는 질문에 답하는 이 책은 부모 역할에 대한 세계적 논쟁을 불러일으켰다. 네 자매 중 맏이로서 탁월하게 키워진 아이였던 에이미 추아는 자신이 엄마가 된 후 두 딸 소피아와 룰루를 어떻게 키웠는지 설명한다. 두 딸은 서로 완전히 달랐다. 소피아는 아주 어릴 때부터 이성적이었고 집중력이 뛰어났다. 밤에는 내내 잠을 잤고 필요한 것이 있을 때만 울었다. 지적 능력이 뛰어나 학교에서 늘 우등생이었고 특히 수학을 잘했다. 둘째 룰루는 감성적인 아이로 이유식을 거부했고 매일 밤 발버둥을 치며 울어댔다. 엄마가 피아노 앞에 앉히면 손바닥으로 건반을 내리쳤다. 에이미 추아에 따르면 둘째 룰루는 엄마의 다혈질과 독설, 뒤끝 없는 성향을 물려받았고 맏딸 소피아는 아버지의 침착함과 탐구심을 이어받았다고 한다.

의도적이든 그렇지 않든, 드러나든 그렇지 않든 부모는 자식들을 다르게 대하고 이로써 서로 다른 모습의 성장을 한층 더 자극한다. 말로 표현하지는 않더라도 많은 부모들이 여러 자식 중 누군가를 선호하게 된다. 어쩐지 잘 통하는 것일 수도 있고, 자기와 많이 닮았기 때문일 수도 있다. 이건 사랑과는 관련이 없다. 자녀 모두를 똑같이 사랑하면서도 관심사나 유머 감각, 자신과 같은 출생 순위 등의 이유로 한 자녀와 더 큰 유대감을 느낄 수 있다. 맏딸 다음에 아들이 태어난 경우에도 부모가 둘을 대하는 방식은 다를 것이다. 동생은 동생 나름의 지위를 갖는다. 빨리 자라야 할 이유가 없다. 직간접적으로 동생은 계속 어린아이로 남아 있어도 좋다는 메시지를 받는다.

> 넌 유명해질 필요가 없어. 그냥 엄마 아빠가 널 자랑스럽게 여기도록 하면 돼.
>
> – 메릴 스트립Meryl Streep, 굿리즈닷컴*Goodreads.com*에서

형제자매 사이에 나타나는 모든 차이는 분명하다. 심지어 DNA가 100% 동일한 쌍둥이라 해도 장기 관찰 연구를 해보면 성격이 크게 다르다고 한다. 발달심리학자인 주디 던Judy Dunn과 로버트 플로민Robert Plomin이 1990년에 출간한 《별개의 삶: 형제자매가 그토록 다른 이유*Separate Lives: Why Siblings Are So Different*》는 성장 환경이 성격 형성에 미치는 영향에 대해 다음과 같이 설명한다. "성격이라는 개념의 정의가 다양하긴 하지만 이 분야 연구들은 분명한 결론을 내리고 있다. 형제자매가 서로 뚜렷이 다르다는 것이다. 형제자매의 성격 일치도 평균은 15%에 불과하다. 같은 가정에서 자란 두 아이의 성격은 85%가 서로 다르다는 의미이다." 말하자면 내가 형제자매와 닮은 정도는 이웃집 아이 혹은 멀리 떨어진 전혀 다른 환경에서 자란 아이에 비해 약간 더할 뿐이라는 뜻이다.

질서를 지키는 첫째,
미지의 세계를 탐험하는 둘째

앞서 소개했던 케빈 리먼은 형제자매 사이의 뚜렷한 차이에 대해서도 언급한다. 아이들은 함께 자란다. 하지만 리먼은 둘째가 첫째와 정반대 방향으로 발달해나간다는 점을 개인적 임상 경험을 통해 반복적으로 확인했다고 한다. 심리학자들 또한 맏이는 부모를 닮을 가능성이 크다고 본다. 초기에 부모를 독차지하고 지내면서 행동의 경계와 가족 규칙을 익히고 이를 지키게 된다는 것이다. 맏딸은 다른 이들도 그 규칙을 따르도록 하는 감시자가 될 수도 있다. 그리고 맏딸 자신이 모범적 사례가 됨으로써 동생이 따라와주기를 기대한다.

하지만 둘째는 생각이 전혀 다르다. 새로 등장해 가족 안에 자기 자리를 만들어야 하는 과업은 첫째를 그대로 따라 하는 방식으로는 성취되지 않는다. 둘째가 정반대 전략을 택하는 이유가 바로 여기 있다. 맏이가 순종적이고 착한 행동을 하며 애정과 안정감을 얻는다면 둘째는 반항을 택한다. 둘째는 집에서든 학교에서든 주어진 상황에 그저 따라가지 않는다. 첫째가 보기에 둘째의 이런 행동은 믿을 수 없을 정도로 위험하다. 두려움을 느낀 맏딸은 한층 더 모범적으로 행동하고 이는 둘째의 반항적 행동을 더욱 부추긴다.

출생 순위를 연구하는 다윈주의 심리학자들은 둘째의 이런 행동

첫째 딸로 태어나고 싶지는 않았지만

이 부모와 맏이로 이루어진 기존의 삼각형을 자신까지 집어넣은 사각형으로 바꾸기 위한 유일한 방법이라고 본다. 털도 나지 않은 어린 새들이 둥지에 들어 있는 장면을 상상해보자. 부모 새가 먹이를 물어다 준다는 것을 알자마자 새들은 일제히 부리를 벌린다. 제일 먼저 먹이를 먹기 위해 가능한 한 크게 말이다. 다윈주의자들은 인간 종의 아이들 상황도 다를 것 없다고 주장한다. 우리 모두는 부모의 관심과 애정을 받기 위해 노력한다. 그 가능성을 최대화하려면 똑같아지는 대신 가능한 한 차별화해야 한다. 맏딸이 사려 깊고 조용하고 얌전한 모습으로 가족 내 자기 자리를 확보했다면 동생이 택할 수 있는 길은 모험적 과시이다. 맏딸이 질서를 지킨다면 둘째는 미지의 세계를 탐험할 것이다. 맏딸이 리더의 역할을 맡는다면 동생은 그 그림자에 머무는 대신 아무도 열지 않았던 문을 열어젖힐 것이다.

부모의 사랑을
박탈당하는 고통

새로 등장한 동생은 맏이에게는 놀이 친구이자 자랑거리이기도 하며 모험의 동반자도 된다. 마르셀 뤼포는 남자아이들이 사춘기가 되어서야 깨닫는 수준의 가족 의미를 여자아이들은 2~3세부터 알게 된다고 했다. 70대에 접어든 뤼포는 장기간의 관찰 결과 아기 동생을 마치 살아 있는 인형이나 되듯이 돌보는 여자아이들을 자주 목격했고 이는 훗날의 어머니 역할을 연습하는 것으로 느껴졌다고 썼다.

영향력 있는 페미니스트였던 프랑스의 작가 시몬 드 보부아르 Simone de Beauvoir는 《순종적인 딸의 회고록Memoirs of a Dutiful Daughter》에서 여동생과 자신의 관계를 솔직하게 기록했다. 동생이 자기 말을 따르지 않으면 언니로서 화가 나곤 했지만 동생이 울음을 터뜨

첫째 딸로 태어나고 싶지는 않았지만

리면 화해해야 했다. 굳이 웃기려 하지 않은 말에 동생이 웃어주면 안도감을 느꼈다고 한다. 어른들은 동생에게 굴복하곤 했지만 동생은 언니 시몬에게 권위를 부여해 복종했다.

둘이 되어 좋은 또 다른 점은 부모가 좋아하지 않는 행동이 가능하다는 것이다. 둘이 함께라면 더 강해진다. 벌을 받더라도 그저 어깨를 으쓱하고 지나가면 된다. 눈짓을 교환하고 깔깔대며 웃을 수도, 서로의 방 사이에 있는 벽을 쿵쿵 쳐서 비밀 암호를 전달할 수도 있다. 처음에는 맏이인 당신이 늘 리더 역할을 맡을 것이다. 어린 동생을 헝겊 인형들과 나란히 소파에 앉히고 선생님 놀이를 하기도 한다. 엄마한테 아이스크림을 먹고 싶다고 조르는 일을 동생에게 떠넘기고 자기는 아무것도 모르는 척할 수도 있다. 최소한 계획은 그렇게 세울 수 있다. 또한 맏이는 더 잘 알아야 한다는 말도 자주 듣는다. 더 현명해야만 한다. 그러는 동안 둘째는 빨리 자란다. 서서히 둘째는 가족 안에서 자신의 정당한 자리를 차지하기 위해 당신에게 도전하기 시작한다.

2등급 자식이라는
느낌

맏딸들 입장에서 둘째의 이야기를 읽는 것은 특별하다. 철학, 심리학, 교육학을 공부한 체코의 이리나 프레코프Jirina Prekop 박사는 노벨상 수상자인 스승 니콜라스 틴버겐Nikolaas Tinbergen의 논쟁적인 치료법을 확장시킨 인물이다. 프레코프는 가족의 삶이라는 관점에서 때리기나 무시 같은 처벌이 근본적으로 잘못되었다고 주장했다. 아이 교육에 힘을 발휘하는 것은 두려움이 아닌 사랑이라는 것이다. 프레코프는 상대의 눈을 들여다보고 서로가 이해할 수 있을 때까지 감정이 흘러가도록 함으로써 갈등을 해결하는 방법을 많은 이들에게 가르쳤다. 이 문제에 대해 열다섯 권의 책도 썼다. 그다지 많은 것이 기대되지 않았던 둘째 딸 출신 이리나에게는 나쁘지 않은 성과였다.

아이였을 때 이리나 프레코프는 부모가 자기를 세 살 위 언니만큼 사랑해주지 않는다고 믿으면서 자랐다. 이리나가 제대로 말을 못하던 시절, 언니는 온 집안의 관심을 독차지했고 이리나는 음식으로 자신을 달랬다. 2등급 자식이라 느끼면서 말이다. 《맏이 Erstgeborene》라는 책에서 이리나는 예쁘고 똑똑한 언니랑 경쟁이 될 만한 일에는 전혀 관심을 갖지 않았다고 솔직하게 털어놓았다. 언니는 의사가 되어 평생 프라하에 살면서 믿음직한 남자를 만나 두 딸을 낳고 살고 있다.

이리나는 꿈꾸었던 의사의 길을 가지 않았다. 1970년 공산주의 조국을 탈출해 독일로 갔고 심리학과 상담 치료 분야에서 명성을 얻었다. 자신에게 깊은 영향을 미친 가족 구성에 대해 잘 인식하고 있었지만, 둘째가 태어난 후 부모의 사랑을 박탈당했다고 느낀 언니의 고통을 짐작하게 된 것은 훨씬 나중의 일이었다.

뒤늦게 언니와 솔직한 이야기를 나누면서 이리나가 늘 느껴온 분한 감정은 사라지기 시작했다. 그때에야 늘 갓난 동생에게 매달려 있던 어머니를 보면서 언니가 어떻게 느꼈을지, 또한 언니가 어째서 동생에게 무서운 마녀 이야기를 들려주거나 괴상한 음료를 만들어 억지로 마시게 한 뒤 나중에 부모님께 거짓말을 하게 했는지 알게 되었다. 두 자매 사이에는 비단 물리적 거리가 아닌 더 큰 심연이 있었다. 어린 시절의 감정을 나누면서 화해가 찾아왔다. "지금 우리의 모습이 어떻든 간에 나는 언니를 언니로 존중하고 둘째 자리를 지킬 거예요. 이 말을 듣고 언니는 안도의 한숨을 내쉬더군요. 이게 우리 둘 다 칠십이 넘어서야 가능했던 일입니다!"

형제자매가
셋 이상인 경우

왕좌에서 내려오는 경험을 맏딸만 하는 것은 아니다. 과거에는 아이가 여덟 이상인 집도 많았고 새로운 아이가 태어날 때마다 이전의 막내는 중간 순위로 지위가 격하되었다. 대가족 출신의 맏딸들은 자신들이 맏이이자 '꼬마 엄마'의 역할을 담당했다고 털어놓곤 한다. 동생들이 노는 동안 집안 청소를 도왔고 막내를 돌보느라 바쁜 엄마 대신 요리를 했던 것이다. 가족 수가 줄어든 오늘날에는 맏딸 아래 여동생이나 남동생 한 명이 있는 경우가 많다. 큰애들 중의 막내, 위쪽 아이들 중의 첫째 등 다양한 서열이 존재했던 과거의 대가족과 달리 오늘날의 아이들은 대개 첫째 아니면 막내가 되곤 한다.

하지만 둘째로 태어난 경우에도 왕좌에서 내려오는 경험을 하는

첫 째 딸 로 태 어 나 고 싶 지 는 않 았 지 만

아이들이 많다. 아직도 다섯 집에 한 집 꼴로 아이가 세 명 이상이기 때문이다. 셋째가 태어나면 둘째 아이는 어른들의 관심이 막내 동생에게 쏠리는 상황에 익숙해져야 한다. 자녀를 많이 두겠다고 처음부터 부모가 작정한 경우라면 셋째가 태어나기 전부터도 둘째를 가운데 아이로 여겼을 수 있다. 반면 예상 밖의 막내 아이가 태어나는 상황이라면 둘째가 7~10세의 상대적으로 늦은 나이에 갑자기 손위 역할을 맡게 된다. 이런 아이들이 늘 막내를 용서하지는 않는다. 길게는 몇 년 동안이나 미워하고 원망하기도 한다. 새로운 아이가 등장할 때마다 아이들의 케이크 조각 크기는 줄어들 수밖에 없다. 또한 셋째는 기존에 자리 잡힌 질서 체계에서 자기 자리를 만들어야 하는 입장이다.

이 단계에서 형제자매 간에 일어나는 가장 큰 싸움은 소유물에 대한 것이다. 어린 아이들은 이미 무엇이 자기 것인지 정확히 알고 있다. 남의 장난감을 갖고 놀다가 갑자기 빼앗기면 쉽게 포기하지만 자기 장난감을 빼앗기면 어떤 소란을 피워서든 반드시 되찾으려 한다. 가운데 아이는 몸집이 더 크고 힘도 센 첫째와 싸움을 벌여야 할 경우 말싸움을 선택한다. 어린 동생을 상대할 때도 신체적으로 공격하지 않는 것이 좋다. 부모님이 가만히 있지 않을 테니 말이다. 따라서 가운데 아이는 필요에 의해 외교적 기술을 발전시키게 되고 협상의 전문가가 된다. 가운데 아이는 맏이만큼 독점적인 지위를 누려보지 못하고 막내만큼 귀염을 받지 못한다. 그리하여 집중해서

들으며 상황을 판단하고 유연함과 인내심을 갖추게 된다. 신의 있고 다정한 사람으로 자랄 확률이 높다. 성격 검사를 해보면 가운데 아이는 원만함에 대한 점수가 높은 편이다.

손위 아이들은 서로 닮는 반면 막내는 금방 알아볼 수 있다. 즉 흥적이고 사회성이 좋으며 단순하고 유머 감각이 뛰어나기 때문이다. 막내는 가족 안에서 다른 사람들이 부러워하는 자리를 차지한다. 바깥에서 보기에는 이상적인 자리이다. 영원히 아이로 남아 있을 수 있고 완벽한 독립이 필요 없는 자리 말이다. 조금이라도 힘든 표정을 지으면 누군가 달려올 테니까. 막내에게는 허락되는 일이 많다. 하지만 치러야 할 대가도 있다. 손위 형제자매들의 관리 감독을 받아야 한다. 부모에게 막내를 어떻게 다뤄야 할지 조언하는 손위들까지 있다.

> 우리는 모든 것이 완벽하기를 바라지만 실상 완벽한 것은 하나도 없다. 내게도 남들에게도 그렇다. 그럼에도 남들은 그렇다는 생각이 든다.
>
> – 카일리 미노그Kylie Minogue, 〈데일리 메일〉 기사 중에서

가족 안에서 아기의 삶은 외부와 명확한 경계가 없는 것처럼 보인다. 누구든 다가와서 무엇을 해야 할지 말해준다. 막내는 이 상황을 받아들인다. 갓난아이 때부터 늘 새로운 사람들이 침대 주변, 놀이터 주변에 등장하는 일이 반복된다. 친척들, 손위의 친구들까지

도 와서 자기를 예뻐한다. 막내 아이들이 쉽게 친구를 사귀는 것도 이 덕분이다. 막내들은 낯선 이를 보면 지금까지 우연히 만나지 못했을 뿐인 친구로 여긴다.

막내들의 유머도 새로운 만남을 돕는다. 자기는 알 수 없는 주제로 목소리를 높여 말하는 사람들 틈에서 어떻게 자기 말을 부각시킬 수 있을까? 답은 유머이다. 그래서 막내는 걸음마를 할 때부터 주변 사람들을 웃기기 시작한다. 바보 같은 표정을 지으며 관심을 끌어당긴다. 집안의 막내는 개그맨 역할을 맡는 일이 많다. 물론 막내를 보며 웃음을 터뜨리는 사람들 속에서 손위 아이들의 입장은 난처하다. 부모의 관심을 되돌리는 것이 절대 쉽지 않다.

이런 상황에서 맏이는 진지한 역할을 맡는다. 표정부터 심각하다. 이 세상의 삶은 결코 즐겁지만은 않다. 식탁을 치워야 할 때가 되면 맏딸이 가장 먼저 일어나 치우기 시작한다. 많은 경우 혼자 일을 마무리한다. 맏딸의 배려와 성실성은 높이 인정받지만 웃고 즐기는 상황에서는 꼭 그렇지도 않다.

포기할 수 없는
지위

동생들 앞에서 모범이 되어야 한다는 사실을 모든 맏딸들이 자연스럽게 받아들이지는 않는다. 시작도 하기 전에 포기하는 경우도 있다. 한없이 높은 기대가 부담스러운 것이다. 이런 맏딸들은 책임을 지지도 않고, 순종적으로 행동하지도 않는다. 그러려고 시도하지도 않는다. 주어진 역할에 반항하고 거부한다. 출생 순위에 대한 책들은 실패의 두려움 때문에 어린 나이부터 포기해버리는 이런 맏딸들에 대해서는 다루지 않는다. 하지만 우리는 첫째를 대신하게 된 둘째 딸 이야기는 꽤 여러 가지를 들을 수 있었다. 어느 교육 단계도 성공적으로 끝내지 못한 언니와 달리 석사 학위를 세 개나 받은 둘째 딸도 있었다. 그런가 하면 과도한 기대에 짓눌린 나머지 거식증에 걸려 결국 제대로 살지 못하게 된 맏언니를 대신해 가족의 온갖 일을 책임지게 된 둘째도 있었다.

결국 부모의 기대를 충족시키지 못하리라 생각하고 맏딸이 책임을 거부해버리는 상황은 둘째 출생 전에 일어날까, 아니면 동생이 생기면서 왕좌에서 내려올 때 일어날까? 만약 동생이 생긴 뒤에 일어난다면 맏딸은 갑자기 관심의 중심에 선 동생을 보면서 '동생이 그렇게 좋다니 내가 절대 하지 못할 일은 동생에게 기대하게 해야지.'라고 생각하는 것이다. 어느 시점의 일이든 이런 맏딸은 부모의 바람, 실제일 수도 있고 맏딸의 상상이 만들어낸 것일 수도 있는 그 바람을 충족시키기를 중단한다. 리먼의 법칙은 여기에도 적용된다. 둘째는 이런 맏이와 정반대 방향으로 성장하고 첫째가 퇴장하면 둘째가 첫째의 역할을 이어받는다.

하지만 대부분의 맏딸들은 맏딸이라는 위치를 좋아한다. 첫째의 자리를 그 어떤 것과도 바꾸려 들지 않는다. 그러니 맏딸들이 행진의 선두에 서게 하고 모두를 돕고 보살피게, 앞장서 일을 해결하게 하라. 맏딸의 날 행사에서 어느 맏딸은 "윤회가 있어 다시 태어난다면 그때에도 첫째가 되고 싶어요."라고 말하며 그날의 소감을 털어놓았다.

이해하기 어려운 동생

동생이 약혼녀를 처음 소개해줬을 때 나는 두 눈을 의심했다. 나랑 꼭 닮아 보였기 때문이다. 키와 몸집, 머리 모양이 같았다. 눈빛도 어쩐지 낯이 익었다. 마치 쌍둥이를 만난 듯했다. 어떻게 이런 일이 가능할까 싶었다.

두 살 어린 남동생만큼 세상에서 내가 많이 생각하고 배려한 존재는 없었다. 동생은 나와 완전히 달랐다. 도무지 예측이 불가능했고 누구의 말도 안 들었으며 걸핏하면 고집을 피웠다. 세 가지 소원을 들어주는 요정이 나타난다면 뭘 말해야 할까 나는 몇 시간씩 고민하곤 했다. 처음 두 가지는 분명했다. 나는 잠시 죽어서 다른 세상을 경험하고 싶었다. 그 일시적인 죽음이 얼마나 긴 시간이어야 할지는 고민스러웠다. 하루는 너무 짧은 듯했고 이틀은 무서웠다. 다시 돌아오는 게 가능하긴 할까? 상상하다 보면 어쩐지 오싹했다. 두 번째 소원은 잠깐 동안이라도 동생이 되어 대체 그 속에 뭐가 있는지 알아보는 것이었다. 동생의 기질을 이해하기가 너무 어려웠기 때문이다. 나는 동생 때문에 당황하고 충격을 받는 일이 많았다. 시간이 흘러 우리는 둘 다 고등학교로, 이어 대학교로 진학했다. 동생은 유학을 떠났다가 약혼녀 안느 마리와 함께 돌아왔다. 나는 안느 마리와 즉각 친해졌고 친자매처럼 가깝게 지냈다. 안느 마리의 부탁을 받고 동생 결혼식에 들러리를 섰을 정도였다.

동생 부부는 네 아이를 낳고 잘 살았지만 안타깝게도 2001년 안느 마리가 병에 걸려 세상을 떠났다. 그 후 엄마의 이른 죽음으로 슬픔에 빠진 아이들을 돌봐줄 새로운 올케가 나타났다. 맏딸 출신인 마틴이었다. 마틴은 가족을 잘 보살폈고 '맏딸의 날' 행사에도 참석했다. 동생은 "내 인생에는 여자 복이 있어."라고 말하곤 한다. 안느 마리와 마틴, 거기에 우리 엄마와 나, 동생의 딸들까지 염두에 두면 나도 그 말에 동의하지 않을 수 없다.

**The
Eldest
Daughter
Effect**

2부

첫째 딸은
왜 당당하고
따뜻할까?

+

맏딸의 성격

모범으로 살아가다 보면……

> 맏딸들은 온갖 잡다한 일들에 책임감을 느끼는 사람이 된다.
> 동생들은 맏딸을 바라보며 그 행동을 모방하거나
> 혹은 그것에 저항한다. 동생들이 어떻게 나오든
> 맏딸의 책임감은 무의식 속에서 점점 커져만 간다.

맏딸들은
서로 닮았다

유형화 작업을 통해 서서히 분명한 그림이 나타나기 시작했다. 맏딸들이 해준 이야기에서 드러난 점을 확인시켜주는 책들이 책상 위에 쌓였다. 한편 우리는 맏딸의 날 행사 참석자들에게 자기 삶을 한 단어로 표현해 달라고 요청했다. 그러자 네덜란드에서 가장 많이 읽히는 여성 잡지의 전 편집자는 '책임감'이라고 답했다. 그 말에 행사장은 즉각 소란스러워졌다. 참석자들은 깔깔 웃으며 공감을 표현했다. 다음 참석자도 출생 순위가 부여한 자기 특징으로 책임감을 들었다. 세 번째 사람은 '모든 것이 잘 돌아가도록 하는 것'이라고 했다. 다른 답변으로는 성실성, 배려, 일처리에 앞장서기, 중재자 역할, 개혁 정신, 독립성, 혁신, 진지함, 강인함, 투박함 등이 나왔다. 이 모두를 고려해 우리는 다음 다섯 가지를 맏딸들의 특징으로 정리했다.

1. 책임감
2. 성실성
3. 효율적 일처리
4. 진지함
5. 보살핌

이 다섯 가지 특징은 계속 가족의 일원이 되고 싶은 바람의 표현이라고 할 수 있다. 많은 맏딸들은 둥지에서 내쳐질지 모른다는 두려움 때문에 늘 모든 것을 제대로 해내려 한다고 설명했다. 모든 것을 언제나 말이다. 맏딸들은 이런 성향을 스스로에게서, 또한 서로에게서 찾을 수 있다. 관련 연구 결과에도 이들 특징이 등장한다. 맏딸들은 결국 비슷한 방향으로 발달하게 된다. 맏딸들은 자기 형제자매보다도 다른 맏딸들과 더 많이 닮았다. 착한 아이, 뭐든 잘하는 아이가 되어 내 자리를 안전하게 지킨다는 믿음을 마음속 깊숙한 곳에서 공유한다는 점에서 그렇다. 또한 맏딸들은 맏이로서 집안의 규칙을 수호하고 식구들을 보살펴야 한다는 동일한 결론을 내린다. 책임감도 공통적이다. 내가 하지 않으면 안 된다는 생각 말이다.

판단, 공감,
그리고 행동

특성을 공유한다고 해서 맏딸들이 다 똑같다는 것은 아니다. 똑같아 보이는 눈송이들도 하나하나 서로 다르지 않은가. 맏딸도 저마다 고유한 경험과 이야기를 지닌다. 서로 다른 시기에 다른 장소에서 나름의 규칙을 지닌 서로 다른 가족에게서 태어났을 뿐 아니라, 기질도 다르다. 그런데 맏딸이라는 것을 깨닫는 순간이 언제냐는 질문에는 많은 여성들이 집을 떠난 지 오랜 시간이 흘렀음에도 여전히 어린 동생들에 대해 책임감을 느낄 때라고 답했다.

가정의 불화 문제로 동생들이 찾아와 도움을 청할 때 어떻게 행동하는지에 대한 이야기도 두어 차례 화제에 올랐다. 크고 작은 이런 위기 상황에 대처하는 방식은 우리가 뽑아낸 특징 세 가지를 잘 보여준다. 한 맏딸은 동생들이 가족 문제를 털어놓았을 때 어떻게 냉정함을 유지했는지 말해주었다. 주의 깊게 듣고 몇 가지 확인 질문을 던진 후 가능한 대처 행동을 분석했던 것이다. 그 침착하고 체계적인 접근은 나무에 막혀 숲을 보지 못했던 동생들에게 큰 도움을 주었다. 이 맏딸은 인생 문제에 이성적으로 접근해 해결책을 심사숙고하는 모범 사례이다.

다른 여성은 비슷한 상황에서 동생들을 꽉 끌어안았다고 말했다. 동생들이 잠시나마 어려운 상황을 잊을 수 있도록 말이다. 맏언니 앞에서 동생들은 슬픔과 대면해 눈물을 쏟을 수 있었다. 세 자매는 하룻밤 사이에 문제가 해결되지는 않아도, 적어도 셋이 한마음이라는 점이 중요하다는 것을 깨달았다. 동생들에게 언니의 감정적 지지는 긴장을 해소시키는 중요한 요소였다.

세 번째 여성은 당장 행동에 나섰다고 털어놓았다. 동생의 가족 문제를 듣자마자 벌떡 일어나 당장 집으로 가서 부모님을 만나 설전을 벌였다. 이성적으로 상황을 파악하거나 사랑으로 동생을 위로하는 대신 행동에 나서 변화를 만든 사례였다.

가족마다 상황은 다를 것이다. 하지만 위의 세 경우는 책임감이라는 기본 감정에서 어떻게 다른 접근이 나오는지 보여준다. 판단, 공감, 행동 중에서 무엇이 더 좋은지는 말하기 어렵지만 맏딸로서 당신이 선호하는 방식은 무엇인지, 각 접근법이 맏딸들의 공통 특징 다섯 가지와 어떻게 연결되는지는 생각해볼 만하다.

내면의 비판자를 잠재우는 방법

내가 가장 하고 싶었던 일은 패션에 대한 글쓰기였다. 패션쇼 취재 기사가 아니라 패션을 세상사의 반영으로 바라보는 글을 쓰고 싶었다. 그걸 생각하면 가슴이 뛰었지만 누구에게도 털어놓지는 못했다. 나는 성인들에게 네덜란드어를 가르치는 일을 하게 되었다.

어느 날 저녁을 먹으면서 한 친구가 말했다. "무언가 써서 좋아하는 신문사에 보내보는 게 어때?" 나는 싫다고 했다. 하지만 결국은 그렇게 되었다.

글 한 편 쓰는 데 나는 여러 시간을 매달리며 고민했다. 편집자의 높은 기준을 만족시킬 수 있을까? 충분히 비판적이고 뉴스로서 가치가 있을까? 나는 친구들 여럿한테 글을 보여주고 의견을 구했다. 그리고 마침내 글을 보냈는데, 오랫동안 아무 답변이 없었다. 그냥 그렇게 묻혀버리는구나 체념했을 뿐, 다른 중요한 일 때문에 내 글이 뒤로 밀릴 수 있다는 생각은 조금도 하지 않았다. 내 글이 마음에 들지 않은 것이 분명했다.

그런데 몇 주 뒤 내 글이 신문에 실렸다. 도저히 믿기지 않았지만 다음 글을 쓸 용기가 났다. 나는 피카소Picasso가 입은 스웨터의 줄무늬가 지닌 의미에 대해, 네덜란드 총리가 매는 넥타이에 대해, 이브 생 로랑Yves Saint Laurent과 칼 라거펠트Karl Lagerfeld의 불화에 대해 썼다. 처음에는 전국 단위 신문에만 쓰다가 나중에는 암스테르담 신문이나 주간지, 잡지에도 글을 실었다. 패션이라는 표피적인 주제만 평생 다룰 작정이냐는 질문을 받았을 때 나는 낙담했다. '이것 봐, 역시 잘 해내지 못한 거야.' 이런 낙담이었다. 비판이 두렵고 독자들 기대에 못 미칠까 걱정하면서도 나는 계속 패션이라는 주제를 파고들었다. 언젠가는 "비스, 이번 글은 영 아니에요."라고 말하는 전화를 받게 될 것 같아 두려웠다.

나는 글로 먹고살 수 있었다. 신나게 일에 매달렸다. 잡지사가 대주는 비용으로 독일에 가서 디자이너 질 샌더Jil Sander를 인터뷰하기도 하고 인기 주간지에 격월로 칼럼을 실었으며 아들뻘 청년과 사랑에 빠진 초로의 여자들을 다루는 글도 썼다. 그러다 병이 났고 당분간 일을 중단해야 했다. 몇 주면 충분히 회복할 것 같았다. 나는 투병을 일종의 모험으로 받아들였다. 글을 쓰지 않는 나는 대체 세상에 어떤 가치를 지닌 존재일까 알아보는 모험 말이다. 하지만 투병 기간이 길어지면서 그런 생각은 사라져버렸다.

2년이 지나서야 만성피로증후군이라는 진단이 나왔다. WHO가 명명한 병이었지만 당시 의사들은 이를 진짜 병이 아니라고 생각했다. 결국 내가 건강을 회복하기까지는 9년이 걸렸다. 그때까지 그토록 열심히 열정적으로 쌓아두었던 경력은 더 이상 내 마음속에 없었다. 오로지 기운을 차리는 일에만 전념했다. 그리고 투병 내내 나를 도와주었던 침술사가 갑자기 세상을 뜬 다음에야 비로소 다시 글을 쓰고 발표하고 싶다는 생각이 들었다. 나는 다시 시작했다. 처음에는 내 병에 대한 책을 썼고 이어 예전의 작업에 착수했다.

오랜 투병 과정에서 여러 교훈을 얻었으므로 나는 내면의 비판자가 사라졌을 가능성을 기대했다. 하지만 놀랍게도 그 목소리는 여전했다. 이제 나는 그 목소리를 잠재우는 방법을 알아가고 있다. 내면의 비판자는 내가 외부로부터 상처받지 않도록 도와준다는 점을 알지만 그럼에도 여전히 버거운 상대이다.

맏딸들은 왜 책임감이 강할까?

　　책임감에 대한 학위가 있다면 맏딸들은 분명 아주 어린 나이부터 취득 가능할 것이다. 아이일 때부터 맏딸은 책임감에 익숙하다. 맏딸들은 "할아버지 할머니가 오셨으니 엄마가 현관문을 열 동안 동생을 잠깐 보고 있을래?" 혹은 "동생이 길을 잘 건너는지 봐줄래? 잘했다. 큰누나답구나."와 같은 말들을 들으면서 자란다. "수영한 다음에 동생들이 제대로 따뜻하게 입었는지 확인해줄 수 있지?" 혹은 "이제 그만 싸워라. 네가 제일 맏이고 제일 현명하잖아." 같은 말도 듣는다. 부모들이 의식적, 무의식적으로 맏이에게 책임감을 부여하는 상황은 이밖에도 무수히 많다.

　　남들이 책임감을 부여하지 않는 상황에서는 맏딸 스스로 책임감을 느끼게 된다. 어린 딸이 아니라 마치 친구나 동료라도 되는 것처럼 이렇게 말하는 것이다. "엄마, 제가 동생 이유식을 먹일 테니 다른 일을 보세요." 놀이터에서 놀면서도 슬쩍 동생들을 살피고 혹시라도 동생을 괴롭히는 아이가 있다면 즉각 개입한다. 동생들과 싸운 아이는 맏딸을 상대해야 한다. 맏딸은 이렇게 동생들의 행복에 책임을 진다.

그 결과 맏딸들은 온갖 잡다한 일들에 책임감을 느끼는 사람이 된다. 자녀나 동료들이 남에게 하는 말이든, 남들이 하는 생각이든, 늦은 밤에 베란다에서 나와 우는 이웃집 고양이든, 기후 변화든 다 마찬가지다. 맏딸들은 이 모든 문제에 대해 개인적인 책임감을 느낀다. 삶에서 가장 중요한 것이 무엇이냐고 할 때 수많은 맏딸들이 책임감을 언급하는 것도 그래서 놀랍지 않다. 기억도 안 나는 오래전부터 남들의 모범으로 살아왔기 때문이다. 동생들은 맏딸을 바라보며 그 행동을 모방하거나 혹은 그것에 저항한다. 동생들이 어떻게 나오든 맏딸의 책임감은 무의식 속에서 점점 커져만 간다.

맏딸들은 이 책임감으로 많은 것을 이뤄낸다. 여러 일을 한꺼번에 처리하는 멀티태스킹 능력을 갖춘다. 함께 일하기에 좋은 유형이지만 한편으로 맏딸은 마음 깊숙한 곳에서는 모든 사람에 대해 느끼는 책임감에서 때로 벗어나고 싶어 한다. 한 사람이 모든 것을 책임질 수는 없는 노릇이지 않은가. 지나치게 개입하는 상황도 빚어진다. 동생들이 좌절감에 "대체 언니는 언제쯤 내가 내 삶을 직접 결정하도록 내버려둘 거야?"라며 울부짖기도 한다. 이럴 때 맏딸은 깜짝 놀란다. 그저 도움이 되고자 했을 뿐 다른 뜻은 없었기 때문이다. 자기 책임감이 남을 억압할 수 있다는 점은 전혀 생각하지 못하는 것이다.

맏딸인 당신은 자신의 행복뿐 아니라 사람들과 맺는 관계에 대해, 시간을 보내는 방식에 대해, 남을 대하는 방식에 대해 책임감을 느낄지도 모른다. 이를 분명히 인식해야 남들 챙기느라 기진맥진해지는 사태를 막을 수 있다. 사람들이 당신 없이도 해나갈 수 있다는 점을 믿어야 한다. 기억하라. 물론 당신이 하면 조금 더 낫겠지만 어떻든 그럼에도 불구하고 뒤로 물러서 있을 줄 알아야 한다.

성실함이 강력한
자질이 되려면

맏딸의 날 행사를 준비한 다섯 명은 세 차례 회의를 했다. 각자 맡은 일을 미리미리 해서 서로 공유한 덕분에 세 번만 모이고도 행사 조직이 가능했다. 본래 행사를 기획한 사람은 저자인 우리 두 명이었는데 필요하다고 합의한 일은 늘 일찌감치 완료되곤 했다. 우리는 다른 맏딸들이 이 정도로 열심히 해주리라 예상하지 못했다. 행사 준비를 통해 우리는 맏딸들이 업무 능력, 즉 무엇을 맡기든 잘 해내는 모습을 확인한 셈이었다. 실제 맏딸들과 심층 인터뷰를 했을 때도 이런 태도가 분명하게 드러났다.

첫 째 딸 로 태 어 나 고 싶 지 는 않 았 지 만

맏딸들은 성실하다. 보는 사람이 없을 때에도 그렇다. 집은 깔끔하게 유지되어야 하고 맡은 일이 잘 완수되어야 하며 미리미리 끝나야 한다. 감독관은 필요 없다. 맏딸 자신이 감독관이다. 주의를 집중한다면 맏딸이 일을 맡기로 되었을 때 주변 사람들이 내쉬는 안도의 한숨 소리가 들릴지 모른다. 모두들 그 일이 제때 훌륭하게 마쳐지리라 믿을 수 있는 것이다. 때로 맏딸들은 그런 성실함에서 벗어나고 싶어 한다. '오늘은 어떤 일에도 나서지 않겠어. 가만히 앉아서 남들이 나설 때까지 기다릴 거야.' 하고 결심하기도 한다. 하지만 프로젝트 마감 기한이 다가오고 아무도 신경 쓰지 않는 상황이 펼쳐지면 결국 성실한 맏딸이 떠맡게 된다. '좋아, 내가 해주지.'라면서. 가정에서든 직장에서든, 아이의 스포츠클럽이든 친구들 모임이든 마찬가지다. 맏딸이 있는 곳 어디서나 맏딸은 필요한 일을 맡아 훌륭하게 해낸다.

성실성은 멋진 자질이다. 하지만 너무 신속하게 자기가 하겠다고 나섰다가는 할 일이 너무 많아지고 만다. 영원히 끝이 보이지 않을 수도 있다. 간혹 거절해도 영혼이 망가지지는 않는다. 상대는 놀라지 않을 것이다. 다른 사람에게 부탁하거나 스스로 하면 되니까 말이다. 물론 'No'라는 말이 쉽다는 뜻은 아니다. 거절하는 상황을 상상만 해도 머릿속에서 '그럼 다음부터 아무도 부탁하지 않으면 어쩌지?' 하는 걱정이 떠오를지 모른다. 이건 자신을 꼭 필요한 존재로 만들고 싶은 어린아이의 생각이다. 그런 방식으로 갑자기 수가 불어난 가족 안에서 자기 자리를 확보했으니 말이다. 끝없는 일 더미에서 벗어나 선택을 하고 싶다면 그 내면의 목소리가 어디서 나오는지 알아야 한다. 당신이 개입하지 않으면 세상이 끝나버릴 것이라는 생각을 거부해야 한다. 용기를 내 내면의 목소리를 무시해야 할 때다. 당장 'No'라고 말하기 어렵다면 'Yes'를 줄여나가는 것도 한 방법이다. 경계를 확실히 하고 그 경계를 지켜라. 누가 어머니를 위해 장을 볼지, 산책을 모시고 나갈지, 사무실 문을 마지막으로 잠글지 정해라. 무언가 바꾸려는 사람은 자기 입장을 분명히 정해야 한다. 충분히 가치 있는 일이다. 'Yes' 만큼이나 'No'라는 말도 자유롭게 할 수 있으면 운명을 자기 손에 넣은 셈이다. 이렇게 할 수 있어야 성실성은 강력한 자질로 남는다.

효율적으로 일할 줄
아는 여자들

맏딸들은 전체를 보는 눈과 조직하는 기술을 타고난다. 집으로 들어서기만 해도 무엇이 필요한지 보이고 곧 일을 분배할 수 있다. 사람들은 불평이나 질문 없이 맏딸의 지시를 따른다. 그 의견이 옳다고 보기 때문이다. 맏딸의 권위는 인정받는다. 물론 맏딸은 자신이 리더라고 전혀 인식하지 못할 수도 있다. 늘 하던 일을 할 뿐이니 말이다. 늘 총대를 메는 것은 맏딸이다. 아니면 다른 누가 한다는 말인가?

농담조로 자신을 프로 간섭꾼이라 부르는 맏딸들도 있다. 자기도 모르는 새에 남들 일에 관여를 한다. 프로젝트를 관리하거나 이 사회에 참석한다. 때로 사람들은 맏딸의 결정적 행동에 특히 기뻐한다. 맏딸의 혜안과 실제적인 능력은 리더로서 갖추면 좋은 자질이다.

교사들을 위한 워크숍을 진행하면서 케빈 리먼은 출생 순위의 영향을 직접적으로 확인했다. 참석자들을 외동, 첫째, 둘째, 막내의 네 집단으로 나눈 것이다. 그리고 서로의 경험과 특징에 대해 집단별로 이야기를 나누도록 했다. 외동과 첫째 집단은 시간 낭비 없이 곧장 심각한 대화를 주고받았지만 둘째와 막내 집단은 잡담을 한참 늘어놓았다.

다음으로 리먼은 각 집단마다 다니며 가운데에 쪽지를 한 장씩 놓아두었다. 쪽지의 내용은 동일했다. "축하합니다! 당신은 이 집단의 리더입니다. 집단 구성원들이 공유하는 성격 특성에 대해 모두 앞에서 15분 후에 발표할 준비를 하십시오."

1985년에 출간된 책《나는 왜 나인가 *The Birth Order Book*》에 소개된 결과를 보자. 외동이나 첫째 집단에서는 예외 없이 누군가가 쪽지를 집어 들고 읽었다고 한다. 둘째나 막내 집단에서는 누구도 쪽지를 먼저 집어 들지 않았다. 둘째들은 늦게라도 그럭저럭 과업을 따라갔지만 막내들은 잡담에 빠져 주변에서 일어나는 일을 알아차리지도 못했다고 한다. 첫째와 외동들은 훌륭한 발표를 한 반면 둘째는 간혹 훌륭했고 막내들은 그저 천진난만한 모습으로 자기는 모르겠다고 하는 경우가 많았다. 무엇을 해야 하는지 막내들에게 말해 줘야 하는 경우까지 있었다. 결국은 모든 참석자들이 자신들이 정확히 출생 순위에 맞는 행동을 하고 있음을 깨닫고 웃음을 터뜨렸다고 한다. 맏이는 무엇을 해야 하는지 정확히 파악하고 효율적으로 과업을 해냈던 반면 막내들은 누군가가 할 일을 알려주기까지 기다리면서 놀고 있었던 것이다. 리먼은 이 경험을 바탕으로 참석자인 교사들이 자기 교실의 학생들 간 차이를 인식해야 한다고 언급했다.

물론 기질이나 성향도 작용한다. 어떤 아이는 수줍어하고 뒤로 물러서려는 성향을 나타내고 또 어떤 아이는 나서기를 좋아한다. 하지만 안전하다고 느껴지는 상황이라면 맏딸들은 먼저 분위기를 이끌고 게임을 제안하곤 한다. 효율적으로 일을 해결하던 맏딸 소녀는 훗날 긴박한 상황에서 의사결정을 내리는 어른으로 성장한다. 그리하여 크고 작은 집단의 리더가 된다. 맏딸들은 무엇을 어떻게 해야 할지 알고 이를 바탕으로 남들을 이끈다.

진지함과
따뜻함이라는 무기

　　　　초등학생을 대상으로 한 한 연구에서는 맏이가 학교 가기를 좋아하고 더 많은 시간 동안 공부한다고 밝혀졌다. 유급해서 다시 공부한다는 의미가 아니다. 정반대이다. 맏이들은 세상이 어떻게 돌아가는지 알고 싶어 하고 이를 알아내기 위해 기꺼이 시간을 쓴다. 교실에서는 제일 앞줄에 앉고 늘 열심히 숙제를 해 오며 새로 탐구해야 할 문제를 스스로 찾아내는 학구적인 모습을 보인다.

　연구자들은 이런 학구적 자세가 부모가 맏이에게 거는 비현실적으로 높은 기대와 맏이의 성취 욕구에서 나온다고 생각한다. 부모는 둘째 이하의 자녀들에 대해서는 훨씬 더 편안한 모습이 된다. 막내가 처음 말을 시작해도 저녁 뉴스를 넘어설 만큼 놀라운 사건이 되지 않는다. 반면 맏이는 늘 주목과 관심을 받는다. 발육이 늦지는 않은지, 어째서 아직도 나이프과 포크를 제대로 다루지 못하는지, 학교 성적이 몇 점인지, 꽁무니를 쫓아다니는 남자애들을 어떻게 처리해야 하는지 등 걱정은 끝이 없다. 발달 단계마다 너무 많은 생각을 하게 되고 이는 부모 자신에 대한 성찰로 이어진다.

우리 연구를 통해 만난 맏딸들 또한 빈둥거리며 노는 것보다 학교 가는 것을 더 좋아했다고 말해주었다. 유익하게 쓸 수 있는 그 시간을 낭비하고 싶지 않았던 것이다. 맏딸들은 학교를 좋아한다. 친구를 만나고 자기가 사는 곳 바깥의 세상에 대해 배울 수 있는 곳이기 때문이다. 맏딸의 날 행사에서 우리 질문에 대답하면서 기억 속 이야기를 끄집어낸 맏딸들은 자기 경험과 우리 연구 모두를 무척 진지하게 대했다. 기술 지원을 위해 현장에 있던 막내아들 출신 엔지니어는 충격을 감추지 않았다. 막내들의 삶을 알기 위한 비슷한 행사 때는 훨씬 더 혼란스러운 분위기였다는 것이다.

솔직히 말해 맏딸들은 개그맨과는 거리가 멀다. 고통스러운 순간에 다른 형제자매가 농담을 던져 분위기를 바꿔보려 해도 맏딸들은 여전히 심각한 표정을 유지한다. 웃음으로 넘기기보다는 진지한 대화를 나누는 편을 선호한다. 때로는 삶을 조금 덜 진지하게 살고 싶기도 하지만 방법을 모른다. 언어유희는 잘할 수도 있다. 생애 초기에 부모와 셋이 지냈던 경험 때문에 맏딸들은 대체로 언어 능력이 뛰어나기 때문이다.

배우고 공부하려는 자세로 삶에 접근하는 데는 장점이 많다. 맏딸들은 깊이 생각하고 성실히 숙제를 하며 늘 열심히 준비한다. 그리하여 정확성과 꼼꼼함이 요구되는 회계, 법률, 의학 같은 분야의 직업에서 두각을 나타낸다. 건축가, 약사, 교사, 사무 관리직, 감독관으로도 훌륭하다. 조직력이 뛰어나고 세부사항을 살피면서도 전체 그림을 볼 줄 안다.

맏딸들은 과업이 주어지면 무언가 의견을 내기 전에 일단 모든 것을 다 파악해야 한다고 생각하는 경향이 있다. 이런 경향은 때로 약점이 된다. 일에는 마감 기한이 있고 어느 시점엔가는 손을 털고 넘겨야 하는 법이기 때문이다. 이런 과정을 거쳐 당신은 자신이 할 수 없는 것은 무엇인지 배워야 한다. 또한 나름의 신중한 접근 덕에 필요한 만큼의 업무 품질은 늘 확보할 수 있다는 확신도 필요하다. 누군가 비판의 말을 했다고 해도 세상이 끝난 것은 아니다. 당장 알래스카로 도망쳐버리고 싶은 기분이라 해도 말이다. 당신은 이미 그 결과가 만족할 만한 수준이 아니라는 것을 알고 마음이 불편했을 것이다. 이런 경우 더 꼼꼼하게 매달리는 것은 소용이 없다. 진지함이라는 자기 특징을 알면 알수록 더 편안해질 수 있다. 때로는 최선을 다해도 실수하고 만다는 점을 받아들여야 한다. 심호흡을 하고 즐겁게 다음 걸음을 내디뎌라.

보살핌과 애정의
잠재력

남들을 보살피는 일은 멋지다. 만족감을 준다. 슬픔에 빠진 사람에게 차를 준비해주고 아픈 아이에게 주스를 짜주고 고민하는 친구에게 조언을 하면서 당신은 세상 모든 시간이 다 자기 것인 양 그 일에 몰두한다. 그 순간 상대가 원하는 것이 바로 진심을 다해 이야기를 들어주고 뭐든 해주는 당신 같은 존재라고 믿으면서. 맏딸인 당신에게 그런 일은 식은 죽 먹기이다. 남을 위해 시간과 에너지를 내는 것이 부담으로 느껴지지 않는다. 무능력한 사람을 위해 무언가 해주는 것, 혹은 상대를 행복하게 만들어주기 위해 개입하는 일 말이다.

어릴 때 맏딸은 부모와 동생 사이의 다리 역할을 맡는 경우가 많다. 어린 동생을 맡아줌으로써 부모가 조용한 시간을 갖도록 하는 것을 부모가 얼마나 고마워하는지 알아차린다. 부모가 쉬고 싶을 때는 어린 동생들을 안방에서 내몰고 부모를 위해 차를 만들기도 한다. 학교에서 좋은 성적을 받아와 부모가 적어도 맏이 걱정은 하지 않게 만든다.

맏딸의 날 행사에 왔던 어느 맏딸은 제2차 세계대전 동안 자신이 여동생을 위해 목숨을 걸었던 상황을 들려주었다. 그리고 다시 그때로 되돌아간다 해도 똑같이 했을 것이라 말했다. 맏이인 자기가 동생을 보호해야 하니 말이다. 맏딸인 비욘세는 이렇게 말했다고 한다. "가수가 안 되었다면 미용 전문가나 상담 치료사가 되었을 거예요. 전 창의적 활동을 좋아하고 또 남들을 돕는 일이 좋거든요. 어머니는 미용사였는데 상담치료사처럼 모든 사람들의 고민거리를 다 들어주셨죠." 이렇게 맏딸이 어머니의 보살핌 방식을 따르는 경우도 있다.

남들이 무엇을 필요로 하는지, 어떻게 해줘야 행복한지 알아차리는 능력은 평생 사라지지 않는다. 어렸을 때 그랬던 것처럼 커서도 주변을 세심하게 살피면서 모두가 행복한지, 모든 일이 잘되어가는지, 상황을 더 좋게 만들기 위해 할 수 있는 일은 없는지 확인하는 것이다. 가정이나 직장에서 남들 돌보기는 끝이 없다. 자기 할 일도 산더미인데 남들을 무한히 보살피기는 불가능하다. 당신이 찾아와 주기를 바라는 외로운 영혼이나 고민 상담을 바라는 동료는 늘 있는 법이다. 가족, 친구, 동료, 지인 등에만 매달려 있다 보면 누가 당신을 보살펴주게 될까?

맏딸로서 당신은 언제 만족하고 스스로 가치 있다 여기는가? 모두를 보살피는 것이 가장 중요하다고 생각하는가? 주변 사람에게 늘 도움의 손길을 내밀면서 세상을 구원한다고 느끼는가? 그렇다면 다음 질문에도 답해보라. 당신 자신은 남들의 보살핌을 허락하는가? 당신이 하소연을 늘어놓고 머리를 기댈 수 있는 사람은 누구인가? 맏딸은 자신을 보살피기보다는 남을 보살피려는 경향이 있다. 맏딸들이 드러내는 이미지는 '난 괜찮아.'이다. 물론 맏딸인 당신은 강하고 많은 일을 해낼 수 있는 존재이다. 하지만 보살핌과 애정의 잠재력이 아무리 크다 해도 언젠가는 고갈되기 마련이다. 한계에 도달했다면 감추지 않는 편이 좋다. 영원히 끄떡없는 척하지 말라. 물론 당신 역시 보살핌을 필요로 한다는 점을 드러내기는 쉽지 않다. 연습이 필요할 것이다. 남들이 눈치채지 못할 작은 일에서부터 연습을 시작하라. 예를 들어 손가락 하나 까딱할 힘이 없을 때 친구가 식사를 준비하도록 하면 어떨까. 남을 보살피면서 느끼는 멋진 기분을 친구에게서 빼앗지 말라.

맏딸들의 다섯 가지 특징

책임감

대부분의 맏딸들이 제일 처음 언급하는 특징이 크나큰 책임감이다. 책임감은 큰 성과를 이루어내게끔 한다. 때로는 그 책임감에서 벗어나고 싶은 생각도 들지만 방법을 모른다. 맏딸들은 모두의 행복과 모든 일의 성공에 책임을 느낀다. 그리고 그 책임감의 한계를 알지 못한다. 그리하여 소진될 지경에 이르기 일쑤이다. 떠나보내는 법을 배워야 한다. 당신이 없어도 사람들이 잘해나갈 수 있다는 점을 믿어라.

성실성

당신이 일을 맡으면 다들 안도의 한숨을 내쉴 것이다. 믿어도 좋다는 점을 알기 때문이다. 당신은 무엇이든, 가족 행사든 연구 활동이든 완벽의 경지까지 해낸다. 가끔은 성실성을 내려놓고 싶기도 하지만 제시간에 일을 잘 마칠 때마다 믿음직한 존재가 되었다는 만족감을 느끼곤 한다.

효율적 일처리

당신은 방에 들어서기만 해도 무슨 일을 해야 하는지 금방 파악하고 업무를 배분한다. 당신은 모르겠지만 모두들 당신의 자연스러운 권위를 인식한다. 그리하여 당신을 간섭꾼으로 보는 경우도 있지만 그보다는 당신의 판단력, 혜안, 효율성을 인정하고 뒤따르는 경우가 더 많다. 당신은 자신도 모르는 사이에 리더가 된다.

진지함

솔직히 맏딸들은 개그맨과는 거리가 멀다. 심각한 시선으로 삶을 바라보는 편이다. 알아야 할 것은 얼마나 많은가. 사람과 일의 배경에 대해 깊이 생각한다. 대화할 때도 표면적인 화제를 다루기보다는 깊이 파고드는 편이다. 그런 자세를 부담스럽게 여기는 사람도 있을지 모른다. 하지만 당신이 경청하는 사람이라는 점을 안다면 좋아할 것이다. 십중팔구 당신은 그 진지함이 도움이 되는 직업을 가졌을 것이다.

보살핌

모두가 만족하고 행복하다면 당신 역시 그렇다. 그런 상황을 만드는 것은 당신이 할 일이다. 보살핌의 대상은 가까운 사람에서부터 곤경에 빠진 세계인에 이르기까지 다양하다. 당신은 나서서 문제를 해결해주고 싶어 한다. 보살핌을 별것 아니라고 생각해 늘 주변 사람들을 배려할 수도 있고 불공정함을 유지시키는 체제를 바꾸기 위해 나서는 것으로 그 배려를 표현할 수도 있다. 함정은 당신 자신에 대한 보살핌을 잊어버릴 수 있다는 것이다.

맏딸은 모든 이를 행복하게 해줘야 하는 사람인가?

　　　　많은 맏딸들은 앞에서 우리가 말한 맏딸들의 다섯 가지 공통 특징에서 나오는 행동이 세상에서 가장 자연스럽다고 느낀다. 자신이 남들과 다르다는 생각은 하지 않는다. 자신이 다른 가족에게 느끼는 책임감이 맏딸의 특징이라 여기지 않는다. 모두가, 모든 것이 제대로 되도록 열심히 노력하는 것이 맏이만의 속성인 줄 모른다. 그저 그렇게 할 뿐이다. 그리하여 때로 '의식하지 못하면서 유능한' 모습이 된다. 극단적으로 효율적이고 믿기 어려울 정도로 여러 일을 잘 해내는 존재 말이다. 하지만 이를 스스로 인식하지 못하는 탓에 다른 선택의 가능성 또한 깨닫지 못한다.

늘 자신감 있는 모습이 되려고 노력했지만 다른 여자들도 다 그렇듯 아침에 일어났을 때 거울에 비친 내 모습이 항상 환상적이지는 않아요. 좀 달랐으면 혹은 더 좋았으면 하는 부분이 있죠.

— 모델 다우천 크루스Doutzen Kroes, 블로그elisabethcarrie.blogspot.nl에서

때로 그만 배려하고 싶다고, 쌓인 일을 그냥 내버려두고 싶다고 느낄 때조차도 바라는 대로 실행하기는 쉽지 않다. 오랫동안 무의식적으로 몸에 익은 습관을 하루아침에 바꾸기는 어렵기 때문이다. 하지만 자신이 사는 방식을 조금 더 인식하게 된다면 서서히 적응하는 길을 시작할 수 있다. 늘 그랬듯이 가족 나들이를 계획하고 예약하는 일이 온전히 자기 일이어야만 하는지 갑자기 의문이 들 수도 있다. 당신의 일정이 꽉 차 짬이 안 난다면 다른 가족 누군가가 해줄 수는 없는 걸까? 당신은 정말로 모두가 행복하다고 느끼게 해줘야 하는 사람인가? 내면 어딘가에서는 무슨 일에서든 남보다 앞서야 하고 최고가 되어야 한다는 목소리가 존재한다. 하지만 그게 과연 언제 끝난단 말인가? 이런 질문은 마음을 괴롭힌다. '충분함'을 측정하는 방법에 대한 책은 없다. 최고를 규정하는 위원회도, 권위를 갖고 결론을 내려주는 관청도 없다.

이 정도면 되었다고 말할 수 있는 사람은 당신 자신뿐이다. 하지만 맏딸들은 성취 기준을 한없이 높여나간다. 부모가 비판을 잘하는 성향이라면 더욱 그렇다. 맏딸들은 부모의 인정을 받기 위해 노력하며 완벽해질 때까지 쉬지 않는다. 사회적으로 성공한 어른이

첫 째 딸 로 태 어 나 고 싶 지 는 않 았 지 만

된 후에도 마찬가지다. 어린 시절에 맏딸을 독려하던 목소리는 어른이 된 후에도 멈추지 않는다. 엄마 노릇도 직장일로도 최고가 되려 한다. 연인으로서도 친구로서도 마찬가지다. 더구나 우리는 여성이 수많은 영역에서 활동하게 된 시대에 살고 있다.

맏딸로서 이렇게 모든 것을 잘 해내고자 할 때 당신은 완벽주의라는 위험한 함정에 빠질 수 있다. 남들 눈에는 아무리 높은 수준이라 해도 스스로 만족하지 못한다. 한 가지 목표를 달성하고 나면 또다시 멀리 지평선이 보인다. 어제 성취한 일은 이제 중요하지 않다. 이미 지나간 먼지 쌓인 과거일 뿐이다. 당신은 뒤를 돌아보며 이뤄놓은 일들을 자랑스러워하는 사람이 아니다. 중요한 일은 오로지 오늘이라는, 또한 오늘 해야 하는 일은 완벽에 가까울 정도로 잘되어야 한다는 머릿속 속삭임 때문이다.

당신은
완벽주의자인가?

당신은 자신이 완벽주의자라고 생각하는가, 아니면 완벽주의에는 해당되지 않는다고 보는가? 이를 확인하려면 몇 가지 질문을 던져보면 된다. 완벽주의자들은 다양한 모습을 지닌다. 완벽은 불가능하다는 생각에 아예 아무것도 시도하지 않는 유형도 있고, 그 정도는 아니지만 완벽주의 때문에 끊임없이 어려움을 겪는 유형도 있다. 다음 묘사들이 자기 모습에 해당하는지 확인해보자.

● 감정 기복

최근의 성공 혹은 실수에 감정이 완전히 좌우된다. 누군가 당신의 작업을 칭찬하면 기분이 들뜨지만 약간이라도 트집 잡히면 낙담한다. 영원히 그 무엇도 이뤄내지 못할 것이라 생각한다.

● 다다익선

삶에서 가능한 한 많은 것을 경험해보고 싶다. 결과가 늘 좋을 수는 없지만 어떻든 질보다는 양이다.

● 망원경 같은 사고

할 일의 목록을 생각하다 보면 망원경을 통해 보듯 실제보다 일들이 크게 느껴진다. 반대 현상도 나타난다. 과거에 이룬 성취들은 전혀 중요하지 않게 보이는 것이다.

● 미래지향

무언가를 대단히 훌륭하게 해낸 상황이라면, 그다음에 할 일은? 자축하거나 그 순간을 즐길 시간 따위는 없다. 다음 일에 매달릴 뿐이다. 영원히 앞으로만 전진한다.

- 과거에 대한 후회

미래에 대해서는 걱정하지 않지만 과거에 저지른 실수는 계속 생각한다. 어째서 더 잘 해내지 못했는지 의아하다. '이랬다면 어땠을까'라는 의문이 꼬리를 문다. 예를 들어 '내 마음이 원하는 바를 더 고려했다면 어떻게 되었을까?'라는 식이다.

- 목표 달성의 의지

한 목표가 이루어지면 물론 안도할 것이다. 그다음에는 가족과 조금 더 시간을 보낼 수도 있겠지만 일단 할 일부터 해야 한다. 극단적 완벽주의자는 당장의 업무에 집중하는 것에 그치지 않고 가족이나 자신을 위한 시간을 희생하며 한 목표에서 다음 목표로 옮겨간다.

- 성공적 수행

무슨 일이든 완벽하고 완벽하게 해내려 한다. 하지만 그게 언제 끝나는지가 문제이다. 한번이라도 만족한 적이 있는가? 늘 아쉬운 점이 남아 계속 매달리는가? 기대가 충족되는가, 아니면 영원히 미완성으로 남는가?

- 전부 아니면 아무것도 아니라는 사고

자기가 하는 모든 일에서 최고가 될 때까지 만족하지 못한다. 자식도 최고로 키워야 하고 일에서도 성공해야 하며 친구들과의 저녁 식사 같은 행사도 가장 멋지게 만들어야 한다. 그러다 자칫 중요한 프로젝트에 당신 대신 엉뚱한 동료가 들어가기라도 하면 영원한 낙오자라고 느낀다.

완벽하지 않아도
괜찮아

완벽주의자들에 대해 앞에서 묘사한 말은 극단적이다. 완벽주의자는 불가능한 것을 목표로 삼아 늘 모든 것이 완벽하게 되기를 바라며 책상, 부엌, 집 안의 정리정돈에 집착한다. 빨래한 옷가지가 정리되지 않거나 내일 입을 옷이 말끔하게 준비되지 않거나 업무가 깔끔하게 이관되지 않은 상황이라면 잠을 이루지 못한다. 자신과 남들을 매우 비판적인 눈으로 바라보며 늘 잘못된 점을 찾고 어떻게 해야 더 잘할 수 있었는지 알아낸다. 남에게 일을 맡기는 것도 싫어한다. 마음속으로는 맡겨야 한다고 생각하지만 당신이 누구보다 잘한다고 확신하는 상황에서 이를 실행하기는 어렵다.

완벽주의자의 다른 모습을 보자. 충분히 잘 해내지 못했다고 생각하면 진심으로 사과한다. 극단적인 경우엔 절대 성공할 수 없다고 판단해 아무 일도 시작하지 않는다. 무언가 부족함이 드러나리라는 생각만으로도 몸이 멈춰버린다. 과도하게 높은 기대가 결국 자기실현적인 예언이 된다. 아예 시작하지 않음으로써 자신의 결함과 당면하는 셈이니까. 언젠가, 모든 것이 갖춰진 어느 날엔가는 꿈꾸는 일을 정말이지 완벽하게 해낼 수 있다는 환상을 버리지는 않는다 해도 그렇다. 진짜 완벽주의자는 흑백논리로 생각한다. 해야 할 일과 하지 말아야 할 일을 분명하게 구분하고 의견을 낸다.

> 전 전혀 완벽하지 않아요. 자신에게 요구하는 수준이 높거든요. 이게 장점인지는······.
> — 기네스 팰트로Gwyneth Paltrow, 〈보그Vogue〉에서

완벽주의자의 삶은 쉽지 않다. 우리 맏딸들이 바로 이런 삶을 살아가는 것일까? 약간의 차이가 있을지는 몰라도 대부분의 경우 답은 '그렇다'이다. 모두가 앞서 언급한 것과 같이 극단적인 상황으로 자신을 내몰지는 않지만 맏이 중 많은 수는 최선을 다해 최고가 되어야 한다는 생각을 한다. 자기 자리가 확고하지 않다고 느끼는 경우에는 더 열심히 노력한다. 우리가 정당화할 수 있는 삶의 방식은 그것뿐이다. 그 어떤 실수도 저지르지 않고 완벽하게 해내면서 우리는 삶을 제대로 살고 있다고 느낀다.

이런 사고의 결과로 당신은 변화를 거부하고 융통성도 없는 사람

이 될 수 있다. 무언가 잘되고 있다면 그 방식을 정확히 그대로 유지하려 한다. 완벽을 위해 노력하는 것이 좋다고 믿으면서 말이다. 하지만 일이 잘되어가지 않는다고 해서 당신이 부족한 인간인 것은 아니다. 결과는 어디로 튈지 모른다. 완벽이라는 환상을 벗어던진다면 주변 사람들이 당신이 해낸 일로 당신을 판단하지 않는다는 점을 깨달을 것이다. 당신은 이미 사랑받고 있고 앞으로도 그럴 것이다. 당신이 쓴 보고서가 거부당하거나 굽던 케이크가 타버려도 괜찮다. 그냥 감수하라. 누구든 문제 상황을 좋아하진 않는다. 그러나 문제 상황은 당신 자체와 아무 상관이 없다. 당신은 훌륭한 사람이다. 당신이 완벽한 전문가, 완벽한 어머니가 아니어도 둥지에서 내쳐지는 일은 벌어지지 않는다.

완벽해야 한다는 강박, 완벽하지 않으면 당신은 아무것도 아니라는 생각에서 벗어나 잘 해내려고 노력하는 자세가 필요하다. 가능한 한 잘 해내려고 애쓰는 것은 삶에서 스스로 설정한 목표 때문이다. 당신은 목표에 따라 살아가려 한다. 목표를 추구하면서 불완전함을 받아들이려면 용기가 필요하다. 인간으로서 우리는 절대로 완벽할 수 없다. 남을 돕기 위해 혹은 더 좋은 세상을 만들기 위해 최선을 다해 과업을 해결하는 것만으로도 충분히 훌륭하다. 이를 통해 완벽은 존재하지 않으며 당신도 남들처럼 실수를 저지른다는 점, 불가능을 인정하면서도 완벽을 추구할 수 있다는 점을 배우게 된다. 맏딸 출신으로 딸 하나를 키우는 J.K. 롤링은 다음과 같이 말했다. "실패를 통해 더 강해지고 현명해진다는 깨달음을 얻었다는 것은 우리의 생존 능력을 믿어도 좋다는 뜻입니다."

완벽주의의 치료제는 언제나 열심히 노력하는 자신에게 친절해지는 것, 그리고 넘어지고 주저앉았다가 다시 일어날 자유를 스스로에게 허용하는 것이다.

실패의
장점

완벽주의자들이 일하는 모습을 지켜보다 보면 완벽을 향한 열망이 주변 사람들을 얼마나 힘들게 하는지 알 수 있다. 최고의 성과를 내면서도 끊임없이 자기를 괴롭히는 맏딸의 모습은 우리 모두에게 익숙하지 않은가? 결국 한계에 이르러 나가떨어진 맏딸은 이렇게 생각한다. '이거 봐. 난 엉망이야. 늘 잘못해왔어. 내 삶은 완벽히 실패야.'

밧줄이 있다는 것을 몰랐기 때문에 정말 긴장했어요. 윌리엄은 이미 그 상황에 익숙했으므로 제가 어서 빨리 배우고 열심히 잘 해내야 한다고 생각했지요.

– 케이트 미들턴Kate Middleton, ITV 뉴스에서

미국 뉴저지 주의 프린스턴 고등연구소를 이끄는 로버트 다이크

첫 째 딸 로 태 어 나 고 싶 지 는 않 았 지 만

그라프Robbert Dijkgraaf는 실패의 두려움 때문에 교실에서 물리 실험을 하지 않는 교사들이 실망스럽다는 말을 한 적이 있다. 실수를 피하는 것, 이것이 우리 대부분이 학교에서 받아온 교육이다. 실수가 훌륭한 교육의 도구이자 때로는 예상 외의 발견을 이끈다는 점을 알면서도 말이다. 초끈이론 전문가이자 과학 교육에 관심이 많은 수리물리학자로서 다이크그라프는 '실수는 학습과 개선을 위한 최고의 방법'이라고 한다.

해리 포터의 마법 세계가 창조되기까지도 여러 번의 실패가 있었다. 2008년 하버드 졸업식 축사에서 J.K. 롤링은 다음과 같이 말했다. "무언가에 실패하지 않고 살아가기는 불가능합니다. 실패를 피해 극도로 조심스럽게 사는 것은 이미 그 자체가 실패지요." 결혼에 실패한 후 직장도 없고 집도 없이 최악의 상황에서 딸을 키워야 했던 자신의 경험에서 나온 말이었다. 롤링은 완벽하고 처절한 실패를 겪었지만 핵심적이지 않은 것들이 모두 걸러지는 놀라운 상황에 처했다고 회고했다. "최악의 두려움이 현실화되고 나자 자유로워졌습니다. 바닥이었지만 전 살아 있었고 사랑하는 딸이 있었고 오래된 타자기와 멋진 소설 구상도 있었지요. 저는 저 자신 외의 무엇인 척하는 일을 그만두고 제 모든 에너지를 제게 중요했던 단 한 가지에 집중했습니다." 그 한 가지가 무엇이었는지는 우리 모두 알고 있다.

일이 잘못되더라도 지나치게 슬퍼하지 말자. 또다시 실수를 저질렀다고 오래 자책할 필요도 없다. 그저 최선의 노력을 이어가면 된다. 최선을 다하는 한 성장의 기회는 매일 있다. 첫째, 어째서 그 일을 하는지 아는 것이 중요하다. 둘째, 초심을 잊지 않아야 한다. 당신의 지금 모습을 그대로 받아들여라.

누구나
약점은 있다

휴스턴대학교 사회사업학 대학원의 연구교수인 브레네 브라운은 세계적으로 명성이 높은 학자이다. 그가 취약성의 힘에 대해 이야기했던 TED 강연은 시청 횟수 상위 10위권 내에 들 정도로 인기가 있다. 브라운은 그 인기의 비결이 '안정과 통제감'이라는 요소를 포기하고 대신 취약성이라는 요소를 전면에 내세운 덕분이라고 본다.

사실 그 강연을 한 다음 날 브라운은 생애 최악의 취약성을 경험했다고 했다. 너무 많은 청중과 카메라 앞에서 제대로 된 강연을 못했다고 느꼈던 것이다. 대체 왜 공개 강연을 수락했는지 스스로 납득할 수 없었고 극도로 불안한 상태가 되어 떠나야겠다고 작정했다. 공개적인 망신을 당하기 전에 어디론가 가서 혼자 숨어버리면 될 일이었다. 문제는 갈 곳이 없다는 점이었다. 평생 텍사스에 태어나 살았으며 직장도 가정도 거기 있었던 것이다.

그러나 내면의 소용돌이가 가라앉고 나자 그 두려움은 아무 근거가 없다는 점을 알게 됐다. 완벽한 연구자인 척하는 대신 개인 경험을 솔직하게 털어놓은 브라운의 용기는 사람들에게 큰 감동을 주었다. 근거이론적 접근에 필요한 데이터를 얻기 위해 진행했던 인터뷰에서도 브라운은 그 점을 확인할 수 있었다고 했다(앞서 밝혔듯 이 책 역시 근거이론을 바탕으로 하고 있다). 우리는 취약함을 두려워하지만 용기를 내서 취약한 자신을 드러내야 진정한 유대가 만들어진다.

브라운은 동생 셋을 둔 맏딸 출신이다. 맏딸로서, 연구자이자 여성으로서 브라운이 배워야 했던 것은 자신에 대한 애정이었다. 자신의 재능도 약점도 있는 그대로 받아들이고 자기에게 친절해지는 것 말이다. 유대 관련 연구에서도 마찬가지로 자신에 대한 유대부터 형성해야 했다. 브라운은 자신의 불안과 거듭 대면했다. 사람들이 자기를 이상한 사람이라 생각할지 모르고 동료도 찾을 수 없으며 결국 부족한 존재임이 드러날 수밖에 없으리라는 불안이었다. 여러 차례 브라운은 선택의 기로에 놓였다. 훌륭한 사람인 척하는 전통적인 접근이냐, 용기를 내 불완전한 모습을 드러내고 이를 바탕으로 다른 사람과 유대를 맺어 다음 단계로 나아가느냐 중에서 선택해야 했다.

완벽한 결과물을 낼 수 없다면!

미소 짓는 분홍빛 부처를 그리는 과제가 있었다. 나는 제대로 그리기 위해 여러 날 동안 공을 들였다. 위쪽을 가리키는 손가락, 옷의 주름, 귀에 걸린 커다란 금색 고리 등이 아직도 기억난다. 제대로 된 금색을 내기 위해 시행착오를 반복했던 나는 그림에 재주가 있는 편이 아니었지만 고등학교 미술 선생님이 주신 이 과제에 정말 마음을 빼앗겼다. 얼마 후 드디어 그림이 완성되었다. 그때 나는 지극히 만족했지만 미술 선생님은 만족하지 않으셨던 모양이다. 10점 만점에 내 점수는 7점이었다. 내 눈에는 완벽한 그림에 7점을 주시다니! 나는 훨씬 더 높은 점수를 기대했는데 말이다. 완벽한 결과물을 낼 수 없다면 이제 더 이상 그림을 그리지 말아야겠다는 것이 당시 내 결론이었다. 내가 열네 살일 때의 일이었다.

여러 해가 지나 나는 네덜란드어를 전공하는 대학생이 되었다. 그리고 친구 권유에 따라 학생 문화 센터에서 도자기 수업을 듣게 되었다. 훗날 그 친구는 진로를 바꿔 미술대학에 진학했다. 나는 그저 오랫동안 해보지 않았던 예술 작업을 취미로 해볼 작정이었다. 종일 책에 파묻혀 지내는 삶에서 도자기 흙을 만지는 일은 충분히 치료 효과를 낼 것 같았다.

그리하여 나는 앞치마를 두고 친구 옆에 서게 되었다. 친구는 모델의 두상 제작에 열중했지만 나는 앞에 있는 모델의 코 모양을 관찰하면서 당장 그만두고 나가버리고 싶은 충동과 싸워야 했다. 선생님은 잘 만들어진 것은 건조시키고 아닌 것들은 바닥의 진흙더미에 다시 섞어 넣으라고 설명하며 돌아다녔다. 하지만 나는 건조시킬 부분이 없었다. 친구는 한 시간 반 동안 예술 활동을 한 것만 해도 의미가 있다고 나를 달랬다. 하지만 이미 마음이 상한 후였다. 나는 두 번 더 친구를 따라 도자기 수업에 간 뒤 그만두었다. 내가 뛰어나지 못하다는 점을 분명히 알면서 그저 재미로 하는 활동이란 내게 맞지 않았다.

물론 창조적 표현 활동의 가치를 부정하는 것은 아니다. 다만 이 장에 실린 완벽주의 테스트를 해본 결과 나는 완벽주의 성향이 높은 사람으로 나타났다. 심리학 책을 읽어보고 상담 치료를 받더라도 완벽하게 해내려는 욕구는 쉽게 극복되지 않을 것 같다. 연습과 인내, 아주 큰 인내가 필요하다.

+

**The
Eldest
Daughter
Effect**

3부

"첫째 딸로
태어나길
잘했어."

+

맏딸의 성장과 치유

의미를 추구하는 맏딸

어린 나이부터 우리 맏딸들은 아무 사전지식 없이
낯선 세계에 발을 들여야 했다. 유치원에 가고 학교에 가고
대학을 거쳐 취직하는 과정이 다 그랬다.
미리 보고 흉내 낼 사람 없이 모험을 시작했던 것이다.
서슴없는 우리 행동을 보고 누군가는 경솔하다 부를지 모르지만
우리 자신감은 삶의 경험을 바탕으로 키워졌다.
우리 젊은 시절은 능력의 보물찾기로 채워졌다.
우리는 누군가의 지시 없이도 잘해나갈 수 있다.

첫째 딸이
사람을 사귀는 방식

맏딸 출신의 가수 캐롤 킹Carole King이 부른 〈당신에겐 친구가 있어요You've got a friend〉라는 곡의 아름다운 가사를 보자(1971년의 앨범 《태피스트리Tapestry》에 수록된 곡이다).

그저 내 이름만 불러요

알잖아요, 난 어디서든

당신을 보러 달려갈 거라는 걸

봄, 여름, 가을, 겨울

언제든 이름만 부르면 돼요

그럼 내가 거기 있을게요

당신에겐 친구가 있어요

캐롤 킹은 우정에 대해 우리가 갖는 이미지를 노래로 전달한다. 친구는 캄캄한 밤중에 우리를 부를 수 있는 사람이다. 그럼 우리는 당장 침대에서 일어나 망설임 없이 달려간다. 친구가 도움을 필요로 하는 상황이니까. 이는 서로 주고받는 관계다. 내 삶이 힘겨울 때 친구들도 언제든 옆에서 도와줄 준비가 되어 있다. 위로하고 격려하고 북돋우면서 말이다. 당신이 어떤 삶을 살든 한 걸음 뒤에 친구들이 서 있다. 당신과 친구들은 함께 삶을 축하한다. 졸업, 결혼, 기념일, 생일, 출판 기념, 명절 등 삶의 마디마디는 친구들과 함께일 때 가장 빛난다. 친구 없는 삶은 상상하기 어렵다. 친구가 몇 명인지는 사람마다 다르겠지만 말이다. 가족과 달리 친구는 우리 스스로 선택한 이들이다.

맏딸은 어떤 친구일까? 리먼과 리차드슨이 쓴 책을 바탕으로 하면 맏딸은 친구가 되기 쉬운 유형은 아니다. 방에 들어서서 몇 분만에 서너 명을 사귀는 유형이 아닌 것이다. 맏딸들은 조금 느리고 조심스러운 편이다. 진정한 유대를 맺으려면 시간이 필요하다. 사실 맏딸 특유의 진지함, 성실함, 일처리 능력이 손쉬운 관계 맺음을 방해하기도 한다. 처음 만난 사람과도 진지한 대화를 하고 싶어 하는 맏딸들의 모습은 어쩌면 낯설어 보일 수 있다. 즉각 문제 해결에 나서고 의견을 제시하며 앞장서는 모습은 심지어 두려움을 안길지도 모른다.

맏딸에게는 남을 가르치려는 성향이 있다. 분석적인 태도로 사안을 파악하는 모습은 흥미롭고 다정한 대화를 기대하는 사람들을 피곤하게 만든다. 그저 함께 식사를 하고 아름다운 노을을 감상하는 데에도 우정은 존재할 수 있으니까.

다들 그렇듯이 저도 아내, 엄마, 언니, 친구, 작가 등 인생에서 52가지 역할을 오가고 있어요. 그러다 보니 때로 다중 인격 같다는 느낌도 받아요.

— 작가 소피 킨셀라Sophie Kinsella, 메일 온라인MailOnline에서

그렇다. 우리 맏딸들에게는 쉽게 친구가 되기는 어려운 특징이 여럿 있다. 하지만 일단 맺어진 우정은 평생 이어질 가능성이 높다. 삶의 매 단계에서 새로운 친구들이 생겨도 옛 친구들과의 관계를 유지한다. 같은 나이보다는 조금 어리거나 조금 나이가 많은 사람들과 더 편한 친구 관계가 되곤 한다. 이는 외동아이로 어른들과만 함께 지냈던 어린 시절, 그리고 맏이로 동생들과 어울렸던 경험과 연관된다. 한번 생각해보라. 당신의 친구들은 몇 살인가? 리먼이 예측했듯 당신 친구들 모임은 나이대가 다양한 사람들로 이루어지는가?

맏딸은
끼리끼리

맏딸들은 친구도 맏딸을 사귀려 할까? 우리가 관찰한 바에 따르면 실제로 맏딸의 친구들 가운데는 맏딸이 많았다. 맏딸의 날 행사 참석자들에게 가장 친한 친구의 출생 순위를 물어보았더니 응답자 75명 중에서 43명이 맏딸이라고 답했다. 막내라는 응답은 22명, 가운데라는 응답은 10명이 했다. 응답한 맏딸의 과반수가 자신의 가장 친한 친구 역시 맏딸이라고 한 것은 과연 우연일까?

작가이자 언론인인 A.C. 그레일링A.C. Grayling도 저서 《우정Friendship》에서 같은 깃털의 새가 친구가 된다고 했다. 그레일링은 오늘날 우리가 우정을 어떻게 정의하는지, 그리고 우정 개념이 시대에 따라 어떻게 달라졌는지 파고들었다. 그리고 관심사 공유, 공통된 인생관, 상통하는 유머, 유사한 과거 경험 등이 관계의 굳건한 토대를 이룬다고 했다. 서로 닮았다고 할 때 우리는 이런 점들을 염두에 둔다는 것이다. 친구 관계에서도 우리는 진정한 자아의 일부분에 공명할 수 있는 사람을 찾는다. 자신과 비슷한 사람과 경험을 공유하고 싶은 강한 열망을 지니는 것이다. 맏딸들은 서로를 알아본다. 맏딸의 날 행사에서 참석자들이 문을 들어서자마자 그랬던 것처럼 말이다.

맏딸들에게 가장 친한 친구와의 관계를 설명해줄 것을 요청하자 다음과 같은 특성들이 나왔다.

- 서로를 잘 안다.
- 모든 것을 함께 나누고 인정해준다.
- 서로에게 영감을 준다.
- 유머 감각이 통한다.
- 의지가 강하다.
- 나를 비판하지 않는다.
- 진심으로 날 인정해준다.
- 신뢰하는 관계이다.
- 무조건 곁에 있어준다.
- 함께 있으면 나 자신이 될 수 있다.
- 나를 지지해준다.
- 상대의 상황을 내 일처럼 느낀다.
- 관심사를 공유한다.
- 함께 웃는다.
- 끝없이 이야기를 나눌 수 있다.
- 충실하다.

이들 자질을 찾는 과정에서 맏딸들은 다른 맏딸을 친구로 삼았을 것이다. 성실성, 책임감, 일처리 능력, 보살핌, 진지함과 같은 특징을 지닌 맏딸은 신뢰, 충실, 지지 등의 역할을 충분히 해낼 것이기 때문이다.

떠받쳐 올려주는
관계

맏딸과 친구가 되면 의지할 수 있다. 맏딸은 자기 삶뿐 아니라 친구의 삶에 대해서도 책임감을 느끼므로 여러모로 서로를 지탱하게 된다. 스위스의 심리학자이자 저술가인 베레나 카스트Verena Kast는 여성들 사이의 우정에 대해 책을 썼다. 여자들의 우정은 신뢰의 위기가 발생하지 않는 가장 믿음직한 관계라는 것이 카스트의 주장이었다. 같은 여자인 친구는 나를 떠받쳐 올려준다. 더 발전하기 위해 필요한 모든 것을 제공해주고 북돋는다. 나 개인이 형성되고 진화하는 과정에서 친구는 중요한 역할을 맡는다.

하지만 두 친구가 너무 비슷하면 위험할 수도 있다고 카스트는 지적한다. 가장 친한 친구들은 너무 비슷하게 닮은 탓에 서로를 비교하게 되면서 질투와 경쟁이 일어난다는 것이다. 비교는 두 방향으로 작동한다. 서로에게 에너지를 주어 더 많은 성취를 이루도록 하거나 아니면 방해 요인이 된다. 한 배에 선장이 둘이면 너무 많다. 친한 친구와 경쟁하는 사이라고 느끼게 되면 생각이 복잡해진다. '이런, 저 친구는 나보다 더 나은 작가, 리더, 친구, 엄마잖아.'

라는 생각이 들기 시작할 때 곧바로 경계경보를 발령해야 한다. 자신이 아무짝에도 소용없는 존재라고 생각하게 되는 '미끄러운 내리막길'에 들어섰음을 인식해야 한다.

이를 해결하는 가장 빠른 방법은 이 상황에 이름을 붙이는 것이라고 카스트는 설명한다. 가장 친한 친구란 당신의 그림자, 당신이 가장 두려워하는 부분, 어떻게든 감추려 애쓰는 점까지도 잘 아는 친구이다. 두려움을 기꺼이 나누는 용기는 우정을 깊게 하는 핵심이다. 그 관계에서 일상의 방어 기제는 필요하지 않다.

친구 관계는 서로가 더 뛰어난 존재가 되도록 북돋는다는 점이 긍정적이다. 물론 비교는 열띤 논쟁과 말싸움을 유발할 수 있다. 하지만 서로를 거울처럼 비춰봄으로써 두 친구는 자신의 모습과 특징을 더욱 잘 알게 된다. 감춰진 격렬한 질투심이 없다면 모든 것이 잘 끝나게 될 확률이 높다. 리먼의 연구에서 나타났듯 첫째들이 다른 가족에 비해 적응과 변화에 더 능숙하다는 점은 얼마나 다행인가. 맏딸인 당신은 친구 관계에서 일어나는 일을 신속하게 파악하고 바로잡으려는 노력을 할 가능성이 높다. 이는 어릴 때부터 맏딸들이 익혀온 능력이 적용되는 영역이다.

맏딸 출신인 두 친구는 극히 익숙하지만 늘 매력적이지만은 아닌 특징들, 즉 간섭하기, 지시하기, 무한한 성실성을 서로 놀림감으로 삼을 수 있다. 비슷한 두 사람의 우정이 가진 장점은 더 열심히 일하고 늘 최고의 결과를 내려는 욕구를 서로 완벽히 이해한다는 데 있다. 실수를 저질렀을 때 어떤 느낌인지도 잘 알고 있다. 그리하여 다른 첫째들 모두와 마찬가지로 각자 자신이 코앞의 문제를 해결할 수 있는 유일한 존재라고 생각한다.

맏딸들은 날카롭고 엄격한 편일까?

모든 맏딸들에게 날카로움과 엄격함이라는 딱지를 붙일 생각은 없다. 하지만 저자인 우리는 매우 날카롭고 엄격한 편이다. 이 책 작업을 하면서 우리는 서로에게 날카로운 지적을 해 마음이 상하기도 했고 상대에게 엄격한 기준을 적용한다는 점을 깨닫기 시작하면서 부딪치기도 했다. 맏딸의 고질적 특성에 웃음을 터뜨리는 일도 많았다. 다음은 이 책을 위해 몇 주 동안 함께 작업하며 부딪쳤던 경우의 예이다.

엄격함

- 함께 보내게 된 첫날이었다. 비스의 사무실 벽에 연구 결과 개요를 가득 붙여두고 우리는 누가 어떤 부분을 맡아 더 파고들 것인지 논의했다. 점심시간이 되자 리세터는 미리 챙겨온 렌틸콩 샐러드를 꺼냈다. 그러자 비스는 다음과 같이 말했다. "우리 사무실에서는 점심을 이런 식으로 먹지 않아. 함께 나눠 먹을 음식을 각자 준비해 다 같이 둘러앉아 먹지."

- 이 책의 한 장에서 비스는 인생에서 극복해야 할 장애물에 대해 쓰자고 했다. 리세터는 그건 장애물이 아니라 영적 수련이라고 주장했다. "살면서 만나는 사람들 모두가 스승이 되는 거지. 참지 못하고 분노하는 순간은 진정한 자아가 아닌 못난 성격에서 나오는 거야."

비스는 맏딸 특유의 고집스러운 주장에 당면해 잠시 당황했다. 결국 '장애물'이라는 어휘는 삭제되었다.

- 인터넷으로 자료를 조사하면서 리세터는 맏딸들의 평균 성취도가 매우 높다는 최근 연구를 발견했다. 그리고 그 멋진 연구 결과를 당장 페이스북에 올려 공유하고 싶어 했다. 비스는 "새로운 포스트는 수요일과 일요일에 올리기로 하지 않았어?"라고 말했다.

날카로움

- 비스가 휴가를 간 동안 리세터는 여권주의 움직임 덕분에 왕좌에 오를 수 있게 된 왕실의 맏딸들에 대해 조사했다. 이런 상황에서 결국 왕실의 맏딸들이 선택의 자유를 제한받는다는 점이 특히 흥미로웠다. 그런데 비스는 "그게 우리 주제와 무슨 관련이 있지? 누가 거기 관심을 갖는다는 거야?"라고 의아해했다.

- 비스는 화려한 색깔 옷을 주로 입는 반면 리세터는 검은색이나 회색을 선호한다. 그런데 저자 사진을 찍기 위해 사진사가 방문한 날 우리는 우연히 둘 다 빨간 상의를 입고 있었다. 비스가 말했다. "이건 우연이 아니에요. 요즘 빨간색이 유행이니까요." 하지만 색깔 있는 옷을 거의 입지 않는 리세터는 "이건 내가 몇 년째 입는 옷이야. 유행 색깔이라는 건 없다고."라고 반박했다.

첫 째 딸 로 태 어 나 고 싶 지 는 않 았 지 만

막내 출신과
친구가 될 수 있을까?

대부분 맏딸들의 가장 친한 친구가 맏딸 출신으로 조사되긴 했지만 막내 출신과 각별히 친해지는 맏딸도 적지 않다. 로이스 리차드슨에 따르면 자매들 중 첫째는 또 다른 맏딸을 만나는 것과 달리 경쟁할 필요가 없다는 이유에서 둘째나 셋째인 여성과 친구가 되는 경향이 있다고 한다. 또한 리차드슨은 남동생을 둔 맏딸의 경우 여성과 친구 관계를 맺을 필요를 덜 느낀다고 지적했다. 남성과 함께 있을 때 더 편하게 느끼고 남성들 역시 이런 맏딸을 편하게 대하기 때문이다. 남동생을 둔 맏딸이 동성 친구를 선택한다면 이는 특정 목적을 위한 관계일 가능성이 높다.

이 장을 쓰면서 우리는 남동생을 한 명 이상 둔 맏딸들과 페이스북으로 접촉해 이에 대한 의견을 물었다. 응답자 65명 가운데 절반을 약간 넘는 여성들이 이에 수긍했다. 그중 한 명은 "마침 저도 인식하고 있던 점이에요. 마음속 얘기까지 할 수 있는 친한 동성 친구는 몇 명 있을 뿐이고 대부분의 경우 저는 남자들과 어울리곤 해요. 남자인 친구들과 나누는 폭넓은 대화가 좋거든요."라고 썼다. 또 다른 여성은 이렇게 썼다. "남동생이 네 명인데 바로 밑의 동생과 진짜 가깝게 지냈어요. 이 때문인지 여자인 친구들이 필요하다는 생각을 하지 못했고 오늘날까지도 남자들과 잘 어울린답니다. 이건 정말 저한테도 놀라운 발견이네요."

친구 관계가 목적에 기여해야 한다는 점을 긍정한 이들도 있었다. 어떤 응답자는 이렇게 말했다. "친구 관계가 무언가 기능을 담당해야 한다는 생각을 오랫동안 해오면서 제가 좀 이상한 사람이다 싶었어요. 몇 시간씩 수다를 떨어야 하는 이유가 뭔지 모르겠더라고요." 또 어떤 사람은 이렇게 언급했다. "전 남동생 둘을 둔 맏딸이에요. 여자 단짝친구는 한 번도 사귄 적이 없어요. 물론 동성 친구가 없다는 것은 아니지만 늘 뭔가 기능 같은 것을 생각했어요. 일할 때는 남자들과 있는 게, 아니면 최소한 남녀가 섞인 상황이 좋아요."

한편 여동생 없이 남동생들만 둔 맏딸들은 가족 내의 남성적 분위기가 불편했다는 이야기도 들려줬다. "스포츠, 그리고 남자애들의 관심사만 중요했어요. 남동생들이 TV 채널을 독점했죠." 이들 여성들은 올케가 등장했을 때 몹시 기뻐했다고 한다.

딸들은 뭐든 자기들과 공유하라고 했고 그건 아주 멋진 일이었어요. 딸들은 내 최고의 친구이죠. 엄마이자 보호자이기만 했던 제가 친한 친구 역할까지 하게 되는 건 정말 굉장해요.

– 허핑턴 포스트 창업주 아리아나 허핑턴Arianna Huffington,
엔트리프러너닷컴entrepreneur.com에서

만딸과 막내딸 사이의 우정에서는 막내 특유의 자유롭고 편한 삶의 자세가 맏이를 해방시키는 역할을 할 수 있다. 이렇게 보면 우정이란 상대에게서 내가 갖고 싶은 특성을 발견하게 해주는 것인지도 모른다. 막내는 자신을 보살펴주고 조언해주는 친구에게서 편안함을 느낄 수 있다.

한편 맏딸은 엄마처럼 보살피는 역할이 과도해질 경우 지나치게 부담을 떠안을 위험이 있다. 이런 관계가 너무도 확고해 미처 의식조차 못하기도 한다. 맏딸의 역할에 대해 별로 생각을 하지 않았다는 30세 사진가는 갑자기 자신이 동성인 친구들과의 사이에 늘 거리를 두어왔던 이유를 깨달았다고 한다. 그들이 모두 막내였던 것이다. 이 친구들은 맏딸인 친구를 끊임없이 불러대고 부탁을 했다. 두 번 다시 친구를 사귀지 않겠다고 작정하게 만들 정도로 부탁을 쉽게 했다. 이 맏딸은 늘 그런 관계를 당연하게 받아들이다가 어느 날 갑자기 가족 내에서의 역할이 친구 관계에서도 그대로 반복된다는 점을 알게 되었다고 한다.

작가 데보라 태넌Deborah Tannen은 세 딸 중 둘째이다. 인간관계에 대한 책《남자를 토라지게 하는 말, 여자를 화나게 하는 말You Just Don't Understand》을 1990년에 출간해 세계적인 명성을 얻었다. 100명 넘는 여성들의 자매 관계에 대해 면접하면서 태넌은 맏딸은 경청하는 반면 막내는 자기 이야기를 한다는 점을 발견했다. 장기적 인생 경험을 통해 맏딸들은 남의 말을 듣고 자기 의견을 제시하는 역할을 담당하게 된 셈이다.

태넌은 이러한 대화가 본질적으로 일방향이라고 정리한다. 친구라면 서로의 삶의 경험에 대해 거리낌 없이 조언하고 의견을 제시할 수 있어야 하는데, 한 사람만 조언가의 역할을 담당하는 경우에는 그 친구가 더 현명하고 더 경험 많고 성숙한 존재로 자리매김하게 된다. 맏딸이 그렇듯 말이다.

태넌은 자매간 유대의 깊이를 강조한다. 그러면서도 나이 차로 인한 위계는 끝까지 사라지지 않고 남는다고 지적한다. 친구와의 관계는 이와 다르다. 앞서 소개한 사진가는 자신에게도 조언을 해줄 친구가 필요하다고 판단했다. 그리고 새 친구를 사귈지, 아니면 기존의 친구들과 새로운 관계를 정립할지 사이의 갈림길에 서 있다.

여자끼리의 우정

친구 관계에서 가장 중요한 것은 유대감, 그리고 서로에게 의존할 수 있다는 확신이다. 이는 물론 맏딸에게만 해당되는 것이 아니다. 여자들 간의 우정은 귀중한 것이다. 친구는 악몽 같은 세계에서 안전한 피난처가 되며, 강한 우정은 건강에도 긍정적인 영향을 미친다고 한다. 이와 같이 남들과 삶을 공유하는 것은 스트레스 완충제가 된다. 서로에게 주는 지지는 특히 중요하다. 이별 이후의 감정적 지지든, 페인트칠이나 아기 돌보기 등을 도와주는 실질적인 지지든 모두 그렇다.

여성들은 남성들에 비해 여성을 더 잘 이해하기 때문에 동성인 친구가 중요하다. 급한 상황에서는 친구에게 전화할 수 있다는 생각만으로도 위안이 된다. 네덜란드 여성들은 이성 파트너보다도 동성 친구들을 삶에서 더 중요하게 여긴다는 조사 결과도 있다. 이혼 위기가 닥쳤을 때 누구에게 전화할 것인가? 늙은 부모님을 보살피기에 지쳤다면 어떻게 해야 할까? 높은 지위로 승진하게 되었고 모두들 당신이 잘 해낼 것이라 여기지만 정작 당신은 몹시 긴장되고 두렵다면? 친구들과 함께일 때는 가면을 벗을 수 있다. 두려움, 불안감, 어두운 측면을 모두 드러내도 좋다. 베레나 카스트에 따르면 여성들에게는 자기 본연의 모습으로 있을 수 있는 공간이 무척 중요하다고 한다. 오해나 경멸의 두려움을 떨쳐낼 공간, 공격받는 일 없이 진정 자기가 원하는 바를 평화롭게 생각할 수 있는 공간 말이다.

> 나오미 와츠Naomi Watts와 나는 아주 좋은 친구이고 여러 일을 겪으면서도 관계를 유지해왔죠. 이건 특히 여배우에게는 드문 일이라고 생각하기 때문에 자부심이 크답니다.
>
> – 니콜 키드먼Nicole Kidman, 〈텔레그래프Telegraph〉 기사 중에서

하지만 여자 친구들과의 깊은 대화는 위험한 측면도 있다. 상대의 불행을 지나치게 깊이 받아들이고 그 감정에 쉽게 전염되는 친구는 좌절과 절망을 오히려 키울 수 있다. 공감 소용돌이에 빠져드는 것이다. 어떤 친구를 만나느냐가 관건이다. 감정 전염에서 비교적 자유로운 친구도 있으며, 친구의 불행에 완전히 공감하는 것이 최선의 방법은 아니다. 한 발짝 떨어져 정확한 상황을 바라보는 것이 훨씬 도움이 되기도 한다.

가족은 가족이고
친구는 친구다

1980년대 초, 미국의 작가이자 과학자, 심리치료사인 릴리언 루

첫 째 딸 로 태 어 나 고 싶 지 는 않 았 지 만

빈Lillian Rubin은 가장 친한 친구의 아들 결혼식에 참석했다. 식장으로 들어가자 앞쪽에 앉은 친구 가족이 보였다. 친구들은 조금 뒤쪽에 자리를 잡았다. 그 결혼식에서는 신부의 이모가 특히 중요한 역할을 했다. 루빈은 이해를 하면서도 한편 실망을 느꼈다. 신부 어머니와의 우정이 너무나 깊었기에 자신도 가족의 일원이라고 여겼는데 그게 아니라는 점이 드러난 것이다. 친구는 가족이 아니다. 아무리 가깝고, 아무리 깊은 대화를 나눈다 해도, 삶이 아무리 강하게 연결되어 있다 해도 커다란 차이가 여전히 남아 있다. 친구는 같은 가족에서 자라지 않았고 그 가족만의 언어, 노래, 농담을 공유하지 못한다. 가족 안에서 끊임없이 반복 재생되는 크고 작은 그 모든 추억 말이다.

서구 문화에서 가족과 친구의 차이는 결혼식이나 장례식 같은 중요한 행사에서 드러난다. 루빈의 친구는 자기 친구들을 가족과 함께 앞쪽에 앉힐 수도 있었을 것이다. 하지만 그렇게 되면 좀 복잡해진다고 여겼을 것이다. 어쩌면 아예 그런 생각이 없었을 수도 있다. 친구는 가족과 같다고, 모든 것을 다 알고 마음을 터놓는 점이 다를 바 없다고 말하는 사람들이 많다. 하지만 루빈에 따르면 이는 어디까지나 비유일 뿐이다. 얼마나 중요한 친구인지를 표현하기 위한 비유 말이다. 물론 이 비유가 거꾸로 작용하기도 한다. 여동생이 가장 좋은 친구라는 식으로.

맏딸인 아리아나 허핑턴은 저서 《제3의 성공Thrive》에서 막내 여동생 아가피가 가장 좋은 친구, 언제든 곁에 있어주는 사람이라고 여러 차례 밝히고 있다. 하지만 둘의 우정이 아무리 깊어진다 해도 가족 내에서의 서열 관계는 절대 사라지지 않을 것이다.

친구와 가족의 차이는 때로 이점이 되기도 한다. 맏딸인 당신은 친구 관계에서만큼은 혼자서 모두를 보살펴야 한다거나 일처리를 제대로 해야 한다는 생각에서 벗어날 수 있다. 친구들은 당신을 있는 그대로 받아준다. 맏딸의 행동을 기대하지 않는 것이다. 기대하기는커녕 맏딸의 의무대로만 행동하는 당신을 보며 자유를 누리라고 격려할 수 있다. 모두의 행복을 영원히 책임져야 한다는 생각에서 벗어나도록 해줄 것이다. "아니야, 지금 꼭 어머니께 전화를 드려야 할 필요는 없어. 영화를 보러 가자고."라고 말해주면서 말이다.

남자들만 초대해도 될까?

남성들만 초대한 저녁 파티. 그것이 내 50회 생일을 축하하는 최고의 방법일 것 같았다. 내 삶에서 중요한 남자들을 모두 모아놓고 공주처럼 등장하고 싶었다. 혹시나 이상하게 생각하는 사람이 있지 않을까 하고 신경 쓰기도 했는데, 남자친구에게 물어보았더니 평소처럼 "당신이 좋은 대로 하면 돼."라는 대답을 들려줬다. 결국 나는 금요일 저녁에 남자들로 집을 가득 채웠다. 최연소자는 말하기를 시작하면서부터 나와 온갖 화제로 이야기를 나눠온 내 조카 토머스였고 최연장자는 아버지였다. 나머지는 내 학창시절과 직장생활을 통해 만난 오랜 친구들로 모두 열아홉 명이었다. 나는 그들이 왜 나한테 중요한지 설명했다. 영적인 대화를 주로 나누는 친구 토머스, 비상 상황일 때 전화로 도움을 청하는 렉스, 내 잠재력을 알아봐준 에카르트, 늘 변함없이 나를 아껴주는 조스 등등 한 명 한 명을 소개했다.

그 파티를 앞둔 몇 주 동안 나는 그 남자들과의 관계에 대해 깊이 생각했다. 어째서 그 한 명 한 명이 내게 그렇게 큰 의미를 지니는 걸까? 아버지상을 그 친구들에게 투사하는 걸까? 그럴 가능성도 높았다. 나는 감정적인 문제는 남자들과, 현실적인 문제는 여자들과 이야기하는 게 좋았다. 여자들 특유의 독설이 약간 두려웠던 것이다. 여자들 틈에서는 어쩐지 내가 초라했지만 남자들 사이에서는 그렇지 않았다. 아이가 없다는 점, 여자들이 좋아하는 다정한 대화에 능숙하지 못하다는 점도 작용했다.

그런데 동성 친구들도 내 생일을 그냥 넘겨버리지 않았다. 맏딸 출신인 셋이 주도해 깜짝 파티를 열었다. 내가 전화 수다나 식사 약속보다 일에 더 우선순위를 두고, 남자인 친구들을 만나는 것을 더 좋아하긴 하지만 동성 친구들은 자신들 역시 내 인생에 중요한 존재임을 알고 있었던 것이다.

60회 생일이 다가왔을 때 나는 동성 친구들만 초대하고 싶었다. 영적으로 내 삶이 변화된 상황이었고 친구들과 그걸 나누고 싶었다. 몇 주 동안 나는 고민을 거듭했다. 동성 친구들을 좋아하고 그들 역시 나를 좋아한다는 걸 알면서도 두려운 마음이 있었다. 부담을 주고 싶지 않았다. 다들 정신없이 바쁜데 시간을 내야 하니 말이다. 한 친구에게 그 생각을 털어놓았더니 무슨 엉뚱한 고민을 하냐며 어이없어 했다. 우리는 일요일에 모였다. 한 명 한 명 소개하다 보니 어느새 눈물바다가 되었다. 우리 우정에 대해서는 이미 오랫동안 생각해왔지만 예순이 되고 보니 모두들 자신과 친구들의 삶을 돌아보게 된 것이다.

여자끼리 보낸 그날 오후는 귀한 시간이었다. 나는 여전히 정기적으로 안부 전화를 걸지 않고 수다 모임보다는 일을 택한다. 하지만 정기적으로 동성 친구들에 대해 생각한다. 내 삶의 친구인 남자들에 대해 생각하는 것처럼 말이다. 그들 모두에게 감사한다.

첫 째 딸 로 태 어 나 고 싶 지 는 않 았 지 만

아버지의 뜻을 따라야 할까?

유럽위원회 경쟁 감독관을 지낸 네일리 크루스 Neelie Kroes는 어릴 때부터 자기 의지가 확고했으나 결국 아버지가 원하는 방향을 택했다. 알버트 슈바이처Albert Schweitzer의 삶에 감동받아 의학 공부를 꿈꿨지만 네일리가 성장한 1950년대 로테르담에는 의대가 없었다. 아버지는 딸의 유학을 극구 반대했고 결국 네일리는 아버지 뜻에 따라 고향에서 경제학을 공부했다. 야망에 불타던 네일리는 학업에 열정을 쏟았다.

당시에는 대학을 나온 여자도 가정주부가 되곤 했다. 하지만 네일리는 학생 모임 활동을 함께 한 다른 여섯 명 여학생들과 함께 자신들의 미래에 대해 다음과 같이 노래를 만들어 공연했다. '우리가 얼마나 중요한 인물이 될지 누가 안담. 이 나라 경제를 이끄는 장관이든 시장이든 뭐든 될 수 있지.' 곧 그 모임의 대표로 뽑힌 네일리는 이후 네덜란드 정치인으로 활약했고 유럽연합 최고위직까지 올라간 몇 안 되는 여성 중 한 명이 되었다. 2014년에 물러날 때까지 네일리 크루스는 또 다른 맏딸 출신들인 앙겔라 메르켈, 크리스틴 라가르드와 함께 권력의 정점까지 올라선 소수의 위대한 여성들로 기록되었다. 아버지의 선택이 네일리를 도운 셈이었다. 이것이 네일리만의 행운은 아니지만 모두가 그런 결과를 얻는 것은 아니다.

> 전 안전하다고 느낄 때가 없어요. 늘 시도하고 불만족하죠. 무언가 하나를 성취했다 싶으면 곧바로 더 높은 다음 목표를 정해요. 그렇게 해서 제가 여기까지 온 거예요.   - 비욘세 놀스Beyoncé Knowles, 필링석세스닷컴Feelingsuccess.com에서

맏딸들 중에는 뒤늦게 빛을 발하는 경우가 많다. 처음에는 다져진 길을 따라간다. 남들의 기대에 맞춰주고 모두가 행복해지면 그때에야 자기 두 다리로 서기 위한 궁리를 한다. 그때에야 잠자고 있던 충동에 자리를 내주는 것이다. 최근 데뷔한 작가 허마 판 데어 바이드Herma van der Weide는 "65세에 작가 일을 시작하다니 이거야말로 맏딸다운 일이지요."라고 말한 바 있다. 정곡을 찌르는 표현이다. 어릴 때부터 부모를 행복하게 만들려고 노력해온 맏딸들이 자기 나름의 길을 찾으려면 시간이 오래 걸린다. 부모의 가치와 삶의 방식을 동일시하는 바람에 자신이 원하는 길은 잃어버리기 쉽다.

모두의 행복에 대한 강한 책임감 때문에 자기가 맡은 역할에 의문조차 갖지 않는다. 장래의 직업을 생각할 때도 남들이 먼저 떠오른다. 부모를 실망시키는 일만큼은 어떻게 해서든 피하고 싶다. 기준을 높이 설정해야 한다는 책임감도 느낀다. 맏딸의 날 행사에서 자기 인생을 돌이켜보면서 60대 후반의 한 참석자는 이런 말을 남겼다. "모두의 시선이 기대에 차서 나를 바라보고 있었어요. 그러니 뭐든 잘 해내 기대에 부응해야 한다는 강한 의지가 생겨났지요. 드러내 놓고 말은 하지 않는다 해도요. 이건 말이 아니라 감정과 느낌의 문제랍니다." 이 참석자 역시 스스로 가치 있다 여기는 일을 실행하기까지 긴 길을 돌아와야 했다. 맏딸로서, 그리고 이후 아내이자 어머니로서 역할을 다한 후에야 인간으로서의 자신과 대면한 것이다.

길 앞에서
망설이는 맏딸

아버지에 대한 맏딸의 복종은 태어난 시대와 직접적으로 관련된다. 과거의 부모들은 순종하는 아이일수록 삶이 편안하다고 주장하곤 했다. 우리가 만난 꽤 많은 중년 여성들은 과연 누구를 위해 자기가 인생길을 돌아왔는지 모르겠다고 탄식했다. 동시에 우리는 맏딸들이 그 나이까지도 부모, 특히 아버지의 바람에서 완벽히 자유롭지 않다는 점을 발견했다.

아버지들은 귀중한 딸이 자신을 잘 돌보기를 바란다. 그 생각을 거듭하면서 아버지들은 남자의 특성대로 지극히 현실적인 해결책에 이른다. 딸아이 내면에서 꿈틀거리는 것보다는 사회에서 중시하는 것을 더 중요하게 여긴다. 어떤 기술이 필요한지 예측해 나중까지 스스로를 먹여 살리기에 좋은 실용적 공부를 추천한다. 맏딸 자신은 어떤 공부가 현실적인지 잘 모르는 경우가 많다. 학교 졸업 후의 삶에 대해 알려줄 언니나 오빠가 없기 때문이다. 그리하여 아버지의 조언이 진로 선택에 크나큰 영향을 미친다. 딸이 아버지를 좋아하는 경우라면 더욱 그렇다. 맏딸은 자기가 다른 일을 원한다고 어렴풋이 느낄 수도 있지만 아버지가 바라는 방향을 알게 된 후에는 스스로 원하던 것이 무엇인지조차 잊어버린다. 때로는 마음속 바람을 부끄럽게 여기기도 한다. 그렇지는 않다 해도 그 바람을 소리 내 말하지 못한다. 적당한 말을 찾기도 어렵다. 막상 털어놓았을 때 아무도 이해 못 해주고 비현실적이라고 비웃는다면 어쩔 것인가? 그런 위험 부담은 지고 싶지 않다. 그래서 그 생각을 감춰버리고 타당해 보이는 쪽으로 나아간다.

맏딸의 날 행사에서 참석자들은 나이가 많든 적든 교육과 직업 선택 문제에 관심이 많았다. 60세의 맏딸은 패션 디자이너를 꿈꿨지만 아버지가 미래가 없는 직업이라고 해서 의학을 공부했고 의사가 됐다고 털어놓았다. 30세의 맏딸은 아버지가 원하는 대로 경제학을 공부했지만 이제 다시 패션업계 일을 시작하려 시도하는 중이었다.

첫 째 딸 로 태 어 나 고 싶 지 는 않 았 지 만

리더에 더
적합한 성격

맏딸들에게 가장 잘 맞는 직업이 무엇인지 결론 내릴 수 있을까? 관련 연구에 따르면 맏딸들은 여러모로 준비된 상태이다. 동생들과 달리 맏딸들은 공부를 계속하려는 열의도 있고 똑똑해서 공부를 잘할 확률도 높다. 출생 지위의 영향으로 어린 나이부터 리더 역할을 하면서 필요한 일을 성실히 해내는 데 익숙하다. 더 나아가 가족 안에서 나서서 일을 처리하는 입장이었으므로 개혁가 역할도 잘한다. 부모가 허락하는 일인지, 남들이 잘 따라오고 있는지 어깨너머로 흘깃 확인하는 습관도 있다. 맏딸들은 기존에 존재하던 것들에서 개혁을 만들어낸다. 주어진 것을 더 낫게, 때로는 훨씬 더 낫게 개선시킨다. 이미 이루어진 일을 바탕으로 다음 단계를 결정하고 실행하는 데 재능이 있다. 하지만 완벽히 새로운 아이디어, 진정한 혁신의 영역이라면 다른 사람의 도움을 받는 편이 나을 것이다.

1871년, 찰스 다윈Charles Darwin은 미지의 것을 찾아내는 탐험가의 특징이 무엇인지 궁금해했다. 탐험가보다 훨씬 똑똑한 다른 사람들은 아무것도 만들어내지 못하는 상황에서 말이다. 다윈이라는 위대한 선구자를 기리면서 후대의 프랭크 설로웨이는 그 궁금증에 대한 답을 구하고자 했다. 그리하여 정치, 과학, 종교 분야 위인들 수천 명의 전기를 읽었다. 그 결과 탄생한 저서 《타고난 반항아*Born to Rebel*》에서 그는 가족 내 역학이 인간 진화에 막대한 영향을 미친다는 점을 인정할 수밖에 없었다. 이전까지 설로웨이가 별로 신뢰하지 않았던 주장이었지만 자료를 살펴본 결과 분명한 의미가 있었던 것이다. 맏이들은 동생에 비해 더 단호하고 사회적 지배력을 지니며 야망이 크고 남들의 지위를 차지하는 모습을 보였다. 권력과 권위를 추구하고 우월한 체격과 힘을 바탕으로 새로 등장하는 동생들에게 가족 규칙을 알려주는 것은 맏이에게 자연스러운 일이다. 하지만 동생들도 주어진 지위를 박차고 나올 수 있다. 맏이가 지키고 싶어 하는 안정 상태에 의문을 제기하고 그 질서를 깨뜨리면서 자기 이익을 추구한다. 반항적이다. 위대한 역사적 모험가나 탐험가, 우상 파괴자와 이단자가 맏이가 아니었던 이유가 여기 있다. 전혀 새로운 무언가를 세상에 안겨준 찰스 다윈과 같은 인물들은 대개 맏이가 아니었다.

설로웨이의 역사적 분석이 내린 결론을 정리하자면 맏이는 리더 쪽, 동생은 혁신가 쪽 성향을 지닌다는 것이다. 맏이는 다음 단계를 이끄는 반면 동생들은 경계를 깨뜨리는 혁신가가 된다. 맏이는 동생들 육아에 시달리는 어머니의 부담을 덜어주기 위해 얌전하게 노는 경향이 있다. 이런 태도는 일자리를 두고 경쟁할 때 불리한 제약으로 작용한다.

의미를 추구하는
첫째 딸들

설로웨이의 결론은 역사적 위인인 남성들을 중심으로 한 것이었다. 우리는 인류 역사에 혁명적 기여를 했던 맏딸들 몇 명을 찾아냈다. 그중 한 명이 1935년에 대서양 횡단 비행을 단독으로 해낸 아멜리아 에어하트Amelia Earhart이다. 그런가 하면 2차 페미니즘 운동의 작가이자 대변인이었던 저메인 그리어Germaine Greer 역시 맏딸이었다. 그리어는 여성 지위에 있어서의 균형 상태에 저항했고 낡은 여성적 전술을 다음과 같이 강하게 비판했다. "이제 우리는 온화하게 속마음을 감추는 식의 행동을 단호히 거부해야 합니다. 은폐를 통해 진실을 추구할 수는 없습니다. 여성다움을 무기로 세상을 바꿀 수 있다고 생각하는 여성들은 바보입니다. 그런 전술 채택은 노예적입니다." 그리어의 앞 세대로《제2의 성Le deuxieme sex》을 쓴 작가이자 여성 권리를 주장하고 평생 관습과 투쟁했던 시몬 드 보부아르 역시 맏딸이었다.

파워 우먼인 오프라 윈프리 역시 십 대 엄마에게서 태어난 맏딸이었고 한참 후에 아버지가 다른 여동생을 보았다. 윈프리가 진행한 텔레비전 프로그램은 엄청난 인기를 누렸고 수많은 이들의 삶에 큰 영향을 미쳤다. 하지만 그렇다고 윈프리가 진정 독창적인 사람이었는지는 의문이다. 25년 동안 4,561회 방송을 마친 후 시청자들에게 작별을 고하면서 오프라 윈프리는 "전 늘 선생님이 되고 싶었어요. 그리고 결국 이 세계적인 규모의 교실을 무대로 삼았네요. 여러분은 제게 지난 25년 동안 안전한 항구가 되어주셨습니다. 앞으로 다른 누군가에게도 안전한 항구가 되어주시길 바랍니다."라고 인사했다.

전 늘 늦장 부리는 사람이라는 말을 듣습니다. 하지만 사람들과 함께 가는 것, 그리고 정치적인 대화에서 경청해야 한다는 것이 저한테는 가장 중요하답니다.

– 앙겔라 메르켈, 〈뉴요커*New Yorker*〉에서

맏딸들은 자신이 중요하다고 생각하는 일을 가장 하고 싶어 한다는 것이 우리의 잠정적인 결론이다. 그저 사회적 상황 때문에 의미 없는 일을 하면서 빈둥거리고 누구보다 먼저 퇴근해버리는 것은 맏딸에게 맞지 않다. 아이들을 학교에 보내고 나서 소파에서 영화를

본다거나 다시 침대에 눕는 것은 질색이다. 그렇게 하려 해도 하지 못하는 유형이다. 맏딸들은 남들에게 의미 있는 존재가 되려 하고 조직에 긍정적으로 기여하며 사회를 위해 유익한 역할을 맡으려 한다. 가치 없는 주제나 업무에 귀중한 시간을 낭비하고 싶어 하지 않는다. 자신의 '유용성 강박'을 농담거리로 삼기도 하지만 그럼에도 거기서 벗어나지 못한다. 무엇을 하든, 건강관리든 교육이든 일단 의미가 있어야 한다. 얼마를 버는가보다는 의미 있는지가 더욱 중요한 문제이다. 누군가 자기 활동에서 도움을 받는다는 것, 이것이 활동을 계속해나갈 동기가 된다.

너무 강해 보일지
모른다는 두려움

맏딸들은 엄마 무릎에서부터 리더 역할을 배운다. 어린 동생의 손을 꼭 잡고 안전하게 이끌고 가는 일은 어느 맏딸이나 하게 된다. 그러다가 어린 동생이 건널목에서 손을 뿌리치면 화들짝 놀라곤 한다. 고집 센 동생을 어떻게 설득해야 또다시 그런 일이 생기지 않게 될까? 동생 어깨에 가만히 손을 올려 도망가지 못하도록 하고 안전하게 데려가는 것이 좋을까? 행동을 통해 학습이 이어진다. 맏딸들은 안내책자 하나 없이 어린 나이부터 리더십 자질을 닦는다. 그리하여 어른이 된 이후에도 먼저 나서길 좋아한다. 그게 익숙하기 때문이다.

월터 토먼Walter Toman은 맏딸들이 이끄는 방식을 그리 높이 평가하지 않는다. 그는 단일 성별 가족과 혼합 성별 가족의 차이를 연구

첫째 딸로 태어나고 싶지는 않았지만

했다. 1961년에 나온 《가족 세우기Family Constellation》라는 책에서 그는 자매들의 맏언니가 직장에서 책임감과 능력을 발휘한다고 했다. 리더십을 발휘해야 할 때 맏언니는 남성 상사와 자신을 동일시하여 권위를 얻는다. 동료 여성들은 공감을 얻거나 인내를 청하기 위해 맏언니 앞에서 고개를 숙인다. 토먼은 자매들의 맏언니가 최종 결정권을 행사하고 끊임없이 일하며 직장 서열 아래쪽 사람들에게 지시를 내리고 군말 없이 따르기를 기대한다고 했다.

그로부터 반세기 정도가 흐른 오늘날 토먼의 설명은 오늘날 우리가 일하는 방식을 그대로 반영하지는 못한다. 우리는 서로를 조금 덜 공식적으로 대하게 되었고 고함치면서 지시하는 상사는 드물어졌다. 격려하고 지지하는 방식이 더 많은 성과를 낸다는 점을 알기 때문이다. 그럼에도 자매들의 맏언니인 사람들은 50여 년 전 토먼이 했던 말을 가슴으로 느낄지 모른다. 인정하기 싫다 해도 마음속 어딘가에는 복종을 바라던 꼬마 여왕의 모습이 남은 것이다.

한편 남동생들을 둔 큰누나는 완전히 다른 태도를 보인다는 것이 토먼의 지적이다. 일반적 직위인 경우 탁월함은 보이지 않지만 주변의 업무 분위기를 좋게 만드는 데 능숙하다고 한다. 리더 직위인 경우에는 큰누나가 아랫사람들을 마음 상하지 않도록 노련하게 대한다고 한다. 업무를 적절히 분담시키는 능력도 있다. 단 하나, 반감을 불러일으킬 수 있는 특징은 편애 성향이다. 프로젝트 마감 기한이 다가오면 여자 직원들보다는 남자 직원들에게 더욱 신경을 쓴다. '남동생들'이 과도한 업무와 부담에 시달릴까 봐 걱정하는 것이다. 그 결과 큰누나 부서의 남성들은 표현을 잘 하지 않게 되고 여성들은 충분히 대우받지 못한다고 느끼게 된다. 썩 달가운 분석은 아니지만 자기 모습을 거울에 비춰보길 꺼리는 사람에게는 일리 있는 언급일 수 있다. 우리는 모두 과거 가족의 이야기를 다른 사람들에게 투사하는 경향이 있다. 스트레스 상황이라면 더욱 그렇다. 이러한 시각으로 어릴 적의 가족 내 역학과 지금까지 직장에 이어진 관계를 깊이 검토한다면 지금까지 한 번도 제대로 바라보지 못했던 부분을 깨달을 수 있을 것이다.

'미디어는 당신을 한쪽으로만 조명할 겁니다. 성공한 여성 기업인이 되고 싶어요, 아니면 기업인 마크 주커버그의 멍청한 누나가 되고 싶어요?'라고 말했던 여성 멘토들이 몇 명 있었다. 나는 둘 다 원했지만 하나를 선택해야만 한다면 덜 진지한 쪽이 좋다.

- 랜디 주커버그Randi Zuckerberg, 〈데일리 텔레그래프*Daily Telegraph*〉 중에서

토먼의 연구가 이루어진 이후 50년 동안 직장 세계는 극적으로 변화했다. 2011년에 출간된 린다 블레어Linda Blair의 책 《출생 순위: 가족 내 위치가 성격을 결정한다*Birth Order: What your position in the family really tells you about your character*》는 이를 분명히 보여준다. 이 책의 핵심은 협력이다. 캔자스에서 맏딸로 나고 성장한 블레어는 의학박사

첫 째 딸 로 태 어 나 고 싶 지 는 않 았 지 만

학위를 두 개나 지닌 심리학자이다. 미국에서 심리학 연구를 했고 영국의 국민건강보험, 의학연구위원회, 케임브리지대학교 등에서 일하며 경력을 쌓았다. 매주 라디오 방송을 진행하기도 했다.

블레어는 맏이들에게 씹을 수 있는 것보다 더 크게 베어 물지 말라고 주의를 준다. 또한 동의하지 않을지는 모르지만 완벽한 성취를 위해 압박을 가하는 누군가와 함께 일한다면 가장 좋을 것이라고도 조언한다. 맏이들은 남을 교육하거나 보살필 기회가 생겼을 때 가장 만족스럽게 생각한다는 것이다. 관습적이고 잘 확립되어 효과가 증명된 방식에 가장 마음이 끌린다. 건강이나 교육 분야의 업무가 여기 해당한다. 바꿔 말해 '우리는 계속하기 위해 태어났지 새롭게 만들기 위해 태어난 것이 아니야.'라는 익숙한 결론에 도달하는 것이다.

이는 우리 연구에서 나타난 여성들의 직업 분포와도 동일하다. 61명 중 11명이 의료 분야에서 일한다고 답했다. 7명은 관리자, 트레이너, 연구자, 컨설팅 일을 하고 있었다. 교육에 종사하는 사람이 7명, 판사, 인테리어 디자이너, 부동산 중개인이 각각 한 명씩이었다. 가정주부가 두 명이었고 무려 19명이 카피라이터, 메이크업 아티스트 등 자영업 프리랜서였다. 이 결과는 맏딸들이 종사하는 직업을 전형적으로 보여준다. 물론 통계적으로 의미를 갖지는 못하지만 말이다.

부정적인 인상을
주면 어쩌지?

리더로 태어난 맏딸들이라도 어떻게 해서 자신이 정상에 오를 수 있었는지 늘 깨닫지는 못한다. 전 세계에서 다섯 명 중 한 명이 사용한다는 페이스북의 최고 운영 책임자인 셰릴 샌드버그도 그중 한 명이다. 2015년 5월에 치러진 샌드버그의 결혼식에서 동생들은 짓궂게 장난을 쳤다. 혼자 긴 독백을 늘어놓는 샌드버그를 늘 몇 발자국 뒤에서 따라가야 했던 상황을 연극으로 보여준 것이다. 하객들은 물론 재미있어 했다. 신부인 샌드버그도 그랬다. 하지만 동시에 자신이 여자답지 않게 동생들 위에 군림했나 하는 생각도 하게 되었다. 그 생각 덕분에 잠시나마 소극적인 모습이 되기도 했다. 여자가 적극적으로 리더 역할을 해서는 안 된다는 의견에 맞서 적극적으로 뛰어들라고 주문했던 그 사람이 말이다. 샌드버그는 여자는 뒤에 물러서야만 한다는 구식 믿음이 자신에게 깊이 뿌리박혀 있었다고 2013년의 저서 《린인》에서 밝혔다.

여성들이 단상에 올라서기를 주저하는 또 다른 이유는 너무 강해 보일지 모른다는, 시쳇말로 '쎄' 보일지 모른다는 두려움이다. 샌드버그도 예외는 아니었다. 이 두려움은 우리 조사에서 반복적으로 나타났다. 동생들을 헝겊 인형들과 나란히 소파에 앉혀두고 앞에서 선생님 노릇을 하는 사진이 없는 맏딸이 몇 명이나 있겠는가? 동생

셋을 둔 맏딸 스테파니는 다음과 같이 말한다. "아버지는 제가 동생들과 노는 장면을 영상으로 촬영하시기도 했어요. 거기 보면 전 여동생에게 역할을 부여하죠. 동생은 달가워하지 않으면서도 시킨 대로 합니다. 첫 번째로 연기하게 된 것이 마음에 들었나 봐요."

무언가 잘못될지 모른다고 속삭이는 내면의 목소리도 존재한다. 결정하는 말을 할 때 '네가 옳다는 게 확실해?'라고 내면의 비판자가 묻는다. 새로운 일을 시작하려 하는 순간에는 '정말 할 수 있다고 생각해?'라는 소리가 들린다. 이런 의혹에 귀를 기울이다 보면 커리어를 쌓아나가기가 어려워진다. 그저 옆으로 물러서버리는 것이 훨씬 쉽다.

이른바 '쎄 보이는 것'은 목표로 삼을 만한 일이 아니다. 이유는 알 수 없지만 이 표현은 주로 여자한테 쓰인다. '쎄 보이는 남자'라는 말은 접하기 어려운 반면 '쎄 보이는 여자'라는 표현은 흔히 듣게 된다. 그리고 다들 부정적인 표정을 짓는다. 가까이 어울리고 싶지 않은 유형, 되고 싶지 않은 유형인 것이다.

네덜란드는 전통적으로 겸손, 봉사, 유대 같은 여성적 가치를 중시하는 나라로 알려져 있다. 하지만 셰릴 샌드버그의 이야기를 보면 상대적으로 남성적 가치에 편향된 미국에서조차 '쎄 보이는 것'은 여성에게 미덕이 아닌 모양이다.

책임을 지는 삶

프랑스의 법률가, 관리자, 장관으로 2011년 이후 국제통화기금을 이끄는 최초의 여성 수장인 크리스틴 라가르드는 리더십에 대해 충격적인 언급을 했다. 열여섯에 아버지를 여읜 라가르드는 어머니와 어린 남동생들을 부양해야 했다. 그리하여 깊은 슬픔을 완전히 떨쳐낼 수는 없지만 그로 인해 자기 삶을 개척하고 남들의 삶까지 도울 힘을 얻게 된다는 점을 배웠다. 라가르드는 어려운 상황일 때 여성들이 자기 영역을 찾고 일을 하게 된다고 주장한다. "위기 상황에서 혼란을 헤치고 어려운 문제들을 해결하며 안정을 찾아가는 일은 결국 여성들의 몫입니다." 위기 상황일 때는 억세 보여도 괜찮다는 뜻일까? 혹은 억세 보이지 않고도 어려운 과업을 해낼 방법이 있다는 뜻일까?

어쩌면 당신 역시 팀, 부서, 회사를 이끌면서 라가르드와 비슷한 모습으로 리더십을 발휘하고 있을지 모른다. "제게 리더십은 격려입니다. 자극하고 독려해 성취할 수 있는 바를 성취하도록 해주는 것입니다. 목표를 두고 일하도록 하는 것이고요. '비전'이라는 표현도 많이 쓰지만 저는 '목표'가 좋습니다. 누구나 삶의 목표가 있잖아요. 여럿이 함께 모여 일하거나 운동할 때라면 공동의 목표가 있는 것이고요."

라가르드가 강조하는 또 한 가지는 넓은 시각이다. "회의에서 입장이 강하게 대립할 때, 사람들이 너무 진지한 모습으로 자기주장만 내세울 때 저는 속으로 생각하곤 합니다. '괜찮아, 삶도 있고 죽음도 있고 사랑도 있다는 걸 알잖아.' 그럼 자기만 내세우는 일이 아무 의미 없게 느껴지지요."

40대 중반의 나이에 이미 핵심 관료가 되어 네덜란드의 인프라 및 환경을 담당하는 장관을 지낸 멜라니 슐츠 반 하겐Melanie Schultz van Haegen 또한 출생 순서와 관련된 언급을 했다. 인터뷰에서 멜라니는 예전에는 출생 순위 영향에 대해 생각을 해보지 않았는데 엄마가 되어 맏딸을 키우게 되면서 어린 시절의 자기 모습이 떠올랐다고 했다. "두 아이가 싸울 때면 부모들은 손위에게 참으라고, 손위답게 행동하라고 잔소리를 하죠. 맏딸이 여섯 살이고 둘째 아들이 두 살일 때 했던 말이 둘째가 여섯 살이 된 다음에도 똑같이 나오더라고요. 또 첫째가 다니던 스포츠 클럽에 둘째를 집어넣고는 잘 봐줘야 한다고 하고요. 이런 식으로 맏이에게 책임을 지우는 것은 그 삶에 영향을 줄 수밖에 없어요. 맏딸과 맏아들 사이의 차이에 대해서는 잘 모르겠지만요."

멜라니의 맏딸은 권위에 따르고 맡겨진 일을 제대로 해내려는 모습을 보였다. 멜라니는 자신의 행동 방식에 대해서는 다음과 같이 말한다. "전 남편 덕분에 거기서 벗어날 수 있었어요. 고등학생 시절에 처음 만났을 때부터 남편은 제가 정해진 길에서 벗어나도 좋다고 말해줬습니다. 어째서 사람들이 기대하는 대로 행동하는 거냐고 물으면서요. 그 이후 저는 의식적으로 제 안전지대를 넘어서고자 했어요. 실수는 학습의 기회라 여겼고요. 정치계를 떠나 대형 보험사에서 일하기 시작했을 때 저는 복잡한 조직에서 일하는 법을 배워야 했어요. 회의를 주재하면서 어떻게 일하고 싶은지 밝혔더니 모두들 의혹의 시선을 던지더군요. 정치판에서는 내용이 중요하지만 회사에서는 과정과 인적 자원 역시 중요하다는 것을 몰랐던 겁니다. 회사 경험을 통해 저는 리더십을 더 확장시킬 기회를 얻었고 이제는 어떤 역할을 맡든 잘 적응할 수 있습니다."

스스로 믿을
용기만 있다면

세상에서 멀리 나아가려면 장기적인 시각에서 사안을 바라볼 줄

첫째 딸로 태어나고 싶지는 않았지만

알아야 한다. 얼굴도 두꺼워야 한다. 힐러리 클린턴, 앙겔라 메르켈, 멜라니 슐츠 반 하겐처럼 높은 지위에 오른 여성들은 비판을 받는 일이 많다. 자신과 의견이 정반대인 사람들, 정책에 대해 맹렬히 비난하는 글을 써대는 사람들도 마주 대해야 한다. 때로는 급소를 찔려 눈물을 보일 수도 있지만 어떻든 굳건히 맞서는 것이 중요하다.

멜라니 슐츠 반 하겐의 말을 들어보자. "어린 맏딸들은 계획대로 일이 풀리지 않을 때 무관심한 태도로 돌아서곤 합니다. 비판을 당하거나 다른 대안이 채택되면 그냥 피해버리고 더 이상 참여하려 들지 않죠. 하지만 저는 그런 적이 없었어요. 제가 생각하는 것과 다른 방식이 있다고 말해주는 사람들이 고마웠지요. 뭔가 내면의 믿음이 있었나 봐요. 또 선구자라는 의식도 강했답니다. 미지의 세계에 발을 내디딜 때마다 제대로 해낼 수 있다고 믿었을 정도로요."

이와 달리 내면의 목소리와 싸워야 하는 사람들도 있다. 자신만만한 겉모습은 속임수일 뿐 실은 아무것도 아닌 존재라고 속삭이는 목소리 말이다. 셰릴 샌드버그조차 그런 어려움을 겪는다고 토로했다. 자기 능력을 끊임없이 의심하고 결국 초라한 모습이 드러나고 말 것이라 두려워하는 이런 상태를 '가면 증후군imposter syndrome'이라 부르기도 한다. 샌드버그는 특히 여성들이 자신을 낮춰보는 경향이 있다고 생각한다. 칭찬을 받아도 곧이듣지 않고 부족한 점만을 떠올린다. 충분히 잘 해내고 있을 때조차 더 나아져야 한다고,

달라져야 한다고 생각한다. 이런 경우 동생에게서 배울 수 있다. 샌드버그는 두 살 어린 남동생의 타고난 자신감을 닮고자 했다. "위축될 때면 위축되지 않은 척했어요. 그러면 신기하게도 자신감이 생기더라고요."

어린 나이부터 우리 맏딸들은 아무 사전지식 없이 낯선 세계에 발을 들여야 했다. 유치원에 가고 학교에 가고 대학을 거쳐 취직하는 과정이 다 그랬다. 미리 보고 흉내 낼 사람 없이 모험을 시작했던 것이다. 서슴없는 우리 행동을 보고 누군가는 경솔하다 부를지 모르지만 우리 자신감은 삶의 경험을 바탕으로 키워졌다. 우리 젊은 시절은 능력의 보물찾기로 채워졌다. 우리는 누군가의 지시 없이도 잘해나갈 수 있다.

고위직에 올랐음에도 여전히 남자들과 맞서야 하는 크리스틴 라가르드는 어렸을 때 싱크로나이즈드 스위밍 코치에게 들은 주문을 지금도 써먹는다고 한다. "힘들 때는 이를 꽉 물고 미소를 지어." 그리하여 여전히 라가르드는 이렇게 말한다. "최선의 방어는 유머 감각입니다. 하루가 끝나고 나면 그 남자들도 결국 인간에 불과해요. 아내와 딸들이 있는 인간 말이에요. 장애물이 속출해도 맞서 나아가야 해요. 굴복하지 말고요." 물론 우리 중 많은 수는 이런 최고위직까지는 오르지 못한다. 꼭 그래야 할 필요도 없다. 각자의 자리에서 차이를 만들 수 있다. 바로 그곳에서 우리가 중요한 존재이고, 바로 그곳에서 자기 가치를 알고 남들을 위해 자신을 양보하지 않는 것이 중요하다. 스스로를 믿을 용기만 있다면 맏딸이 지닌 자질은 세상을 다 얻고도 남는다. 맏딸인 우피 골드버그가 가족 문제 때문에 공동 진행하던 토크쇼에서 잠시 하차했다가 돌아왔을 때 동료들이 이렇게 말해줬다고 한다. "잘 오셨어요. 이 배의 진짜 선장은 당신이니까요." 이런 말은 맏딸의 가치를 진정으로 인정한 칭찬이다.

위쪽의 의사를 전달하는 일

학생일 때 나는 암스테르담의 젊은 세 여성에 대한 잡지 기사를 읽은 적이 있다. 모두 기업을 운영하는 사업가들이었다. 가슴이 뛰었다. 내가 원하는 바로 그런 삶이었다! 하지만 다음 순간 내게 가능한 길은 아니라는 생각이 들었다. 결혼해 아이들을 낳고 키우면서 무언가 보람찬 일을 하는 모습이 내게 주어진 미래였다. 썩 마음에 들지는 않았지만 미리 결정된 그 삶을 떨쳐버릴 방법이 무엇인지 알 수 없었다.

그로부터 8년이 지난 후 나는 암스테르담 중심부의 어느 널찍한 사무실에 앉아 있었다. 예전 기사에 등장했던 한 여성의 회사를 사들인 참이었다. 비스는 우리 회사 사무실 한 군데에서 프리랜서 일을 했다. 이렇게 하여 우리의 오랜 협력 관계가 시작되었다. 나는 패션 광고 회사를 사들여 기업 커뮤니케이션 전문 에이전시를 차렸다. 나를 포함해 여섯 명이 패션업계 관련 기사를 썼다. 사람이 중요하다는 것, 그리고 필요한 정보를 제공하면 더 잘 일할 수 있다는 것이 주요 메시지였다. 인터넷 이전 시대, 컴퓨터 한 대가 방 하나를 차지해야 하는 시대였다. 사장들은 편지로 비서에게 업무 지시를 했다. 35세가 넘은 사람들은 컴퓨터는 지나가는 유행일 뿐이고 컴퓨터 다루는 법 배울 일은 평생 없을 거라고 생각했다.

우리는 대기업 일을 맡기도 했다. 네덜란드 최대 규모인 ABN 은행이

비디오저널을 만들고 싶다면서 연락을 해왔다. 나는 하고 싶지 않았다. 이미지가 아닌 언어 작업이 우리 일이라고 생각했던 것이다. 하지만 은행은 주장을 꺾지 않았고 결국 한 달에 한 번씩 은행 측 여덟 명에게 영상 시연을 반복한 끝에 마침내 700개 테이프가 은행 전 지점에 배포되었다. 화학회사 아크조와 노벨의 합병 보도가 나간 날 임직원들 책상 위에 놓였던 8개국어 소식지도 우리 작품이었다. 그렇게 큰 기업들이 우리처럼 작은 에이전시를 찾는 것이 신기했다. 당시 나는 우리가 믿을 만하기 때문이라고 생각했다. 기업들도 우리만큼 컴퓨터 프로그램을 잘 다루는 사람들은 찾기 힘들다고 했다. 우리는 그저 결과물을 파는 것이 아니라 총수의 메시지를 어떻게 전달해 직원들을 감동시킬 것인지, 그리하여 진행되는 상황을 받아들이도록 만들지 함께 연구했다.

오늘날 나는 우리가 모두 맏딸이었던 덕분에 그런 성공이 가능했다고 생각한다. 인사 기준은 없었지만 돌이켜보면 내가 뽑은 직원 전원이 맏딸이었다. 우리 회사의 성공은 부모의 결정을 동생들에게 전달하며 성장한 맏딸의 능력에 바탕을 두고 있었다. 위쪽의 의사를 전달하는 것, 이는 우리가 평생 해온 일이었던 것이다.

첫째 딸들은
누구에게 끌리는가

　　아침에 함께 일어나고 함께 늦잠을 자는 것, 저녁 식탁에서 이야기를 나누고 나중까지 그 대화를 곱씹는 것, 새로운 시각을 제공하는 한마디를 듣는 것, 둘이서만 드라마를 보는 것, 그 어떤 가식도 없이 편안하게 함께 있는 것, 아무도 이해하지 못할 농담을 나누며 킬킬거리는 것. 매일이 이렇게 한가로울 수는 없지만 이런 삶을 나눌 수 있는 누군가를 찾았다면 그건 대단한 행복이 아닐 수 없다.

　　우리는 맏딸의 날 행사에서 사랑에 대해 물었다. 배우자 혹은 파트너가 외동인지, 맏이인지, 중간이나 막내인지 물었더니 참석자 61명 가운데 외동이라는 응답이 3명, 맏이라는 응답은 15명으로부터 나왔다. 중간은 21명, 막내는 22명이었다. 그 관계의 행복이 어

　　　　　　　　　　첫 째　딸 로　태 어 나 고　싶 지 는　않 았 지 만

디 있는지에 대해 응답자들은 이렇게 말했다. "우리는 좋은 친구예요. 서로가 더 발전하도록 동기부여를 해주죠. 서로의 이야기를 들어주고 부족한 점을 보완해요." 또한 누군가는 이렇게 말했다. "우리는 정반대 성향이에요. 그 사람은 태평하고 현실적이죠. 절 존중해줘요. 제가 하는 일을 지원하고 늘 제 편을 들죠. 저한테는 최고예요. 조건 없이 옆에 있어주니까요."

같으면서 다른
상대를 찾아라

까마득히 오래전부터 사랑이라는 게임에는 두 가지 기본 규칙이 존재해왔다. 잠깐만 생각하면 누구든 당장 생각해낼 수 있는 규칙이다.

- 같은 깃털의 새가 어울린다.
- 정반대에 끌린다.

얼핏 보기에는 두 가지가 모순된다. 하지만 아니다. 서로에게서 자기 모습을 찾을 수 있으려면 충분히 비슷해야 하고 또한 서로에게 끌리려면 충분히 달라야 하기 때문이다.

관계의 지속성을 위해서는 두 사람이 비슷한 것에 관심을 갖고 동일한 가치와 유머 감각을 지니는 것이 좋다. 둘이 똑같은 사람이기는 불가능하지만 유사점이 있다면 연인의 정체성을 갖는 데 도움이 된다. 서로를 이해하고 파악하기 위해서도 유사점은 필수 요소이다. 비슷한 방식으로 여가 시간을 보내는 성향이라면 지금처럼 다들 바쁜 시대에 실질적으로 유익하다. 아이가 태어났을 때도 두 사람이 지향하는 육아 방식이 크게 다르지 않은 것이 좋다.

한편 관계의 재미를 유지하려면 차이점도 꼭 필요하다. 통찰력이나 미래 전망으로 상대를 놀라게 할 수 있다면 관계가 오래 유지될 것이다. 가끔 드러나는 견해 차이는 더 개방적으로 생각하고 시야를 넓히도록 도와준다. 혼자서는 절대 가지 않았을 곳을 가보는 일은 삶을 풍요롭게 한다. 둘은 서로 다르기 때문에 각자 배우고 성장할 기회를 얻는다. 격차가 너무 벌어지지만 않는다면 서로의 차이점은 관계를 생기 있게 유지시켜준다.

첫째 딸과
막내아들의 만남

월터 토먼은 기본 규칙 두 가지에 더해 세 번째 규칙을 발견한 사람으로 인정받을 만하다. 매사추세츠 브랜다이스 대학교에서 수행한 그의 연구 결과에서 도출된 규칙은 가족의 상황이 복제된다는 것이다. 출생 순위 영향에 대한 이 연구에서 그는 어린 시절의 가족 관계에서 맡았던 역할이 성인 이후의 관계에 그대로 복제된다고 결론지었다. 이에 따르면 사람들은 성장하면서 익숙해진 상황을 공유할 수 있는 사람을 편안하게 느끼고 사랑에 빠져 결국 평생을 함께하게 되는 잠재적 경향성을 지닌다고 한다. 출생 순위 면에서는 자신과 보완적인 관계에 있는 사람을 만나는 것이 오래 행복하게 살 가능성을 최대화하는 것으로 나타났다. 다시 말해 이성애자인 맏딸은 누나 한둘과 함께 자란 막내아들과 가장 잘 맞는다. 형들이 있는 막내아들도 괜찮지만 더 좋은 것은 누나들이 있는 막내라고 한다.

어찌 보면 썩 마음에 와닿는 규칙은 아니다. 오히려 반대이다. 자신의 날개를 활짝 펼치고 나름의 인생을 만들어가리라 결심했는데 예전 가족 상황의 복제라니 무슨 소리인가? 그런 얘기는 아예 듣고 싶지 않을 수도 있다. 하지만 들어볼 필요가 있다. 우리는 동떨어진 섬이 아니라 주변 사람들과 일상적으로 연결된 모습으로 자란다. 신나게 함께 놀다가도 한순간 싸움을 벌이고 서로에게 눈길조차 주지 않기도 한다. 그러다가 조금만 지나면 함께 영화를 보면서 간식을 나눠 먹는다. 이렇게 하여 감정 폭발 후에 어떻게 관계를 복구하는지 배운다. 서로의 약점과 급소를 알고 어떨 때 화내는지도 안다. 자기 손바닥 보듯 상대가 훤하다. 모두가 더 즐겁고 편안하게 함께 사는 법을 안다. 그러면서 생각보다 훨씬 더 큰 영향을 서로 주고받는다. 훗날 어른이 된 후에도 당신은 과거부터 익숙해진 방식대로 모든 일을 해갈 것이다. 형제들과 함께 배우고 발전시켰던 방식이 익숙하고 편안한 것이다. 성장하면서 맡았던 역할이 나중에도 계속 반복되고 당신은 거기서 충족감을 얻는다.

> 열정적인 사람은 취약성을 완전하게 받아들입니다. 취약성이 곧 아름다움이라 믿기 때문입니다. 이런 사람은 기꺼이 사랑한다고 말하고 보증 없이도 일을 하며 성공 유무를 알 수 없는 관계에 투자합니다.
>
> ─ 브레네 브라운, 2010 테드TEDx 휴스턴 강연 중에서

토먼의 발견은 20세기 중반, 동성 관계란 아예 존재하지도 않는다고 생각했던 그 시절에 나왔다. 아직까지도 몇몇 나라에서는 동성애가 법으로 금지되어 있다. 출생 순위가 동성 관계의 행복도에 미치는 영향에 대한 연구는 우리가 아는 한 아직 한 건도 없다. 여성들 사이의 연인 관계는 때로 서로를 돌보려는 과도한 배려 때문에 망가질 가능성이 있다고 제시된 정도이다. 보살핌이 맏딸들의 주된 특징에 들어가긴 하지만 그 보살핌이 맏딸에만 국한된다고 단언하기는 어렵다. 동성애자인 맏딸의 가장 좋은 상대가 자매들 중 막내 출신이라고도 말할 수 없다. 실제 상황이 어떨지는 아직 미지의 영역이다.

막내를 만날까, 맏이를 만날까?

텍사스대학교 심리학 교수인 윌리엄 익스William Ickes는 2009년의 저서 《낯선 실험실의 낯선 이들*Strangers in a Strange Lab*》에서 누나와 함께 자란 남성들은 반드시 누나에게 전화해 감사를 표하라고 했다. 왜일까? 살면서 여성들과 성공적인 관계를 맺었다면 이는 누나를 관찰하고 대하면서 학습한 결과이기 때문이라는 것이다. 익스 교수는 토먼의 연구를 깊이 분석한 후 그 가족 형상 이론의 예측을 검증하고자 했다.

이성인 형제자매를 둔 남녀가 의사소통하는 방식에 대한 연구들을 보면 이성 형제자매가 있는 경우가 그렇지 않은 경우보다 이성을 더 잘 이해한다고 한다. 납득이 가는 이야기이다. 익스 교수는 손위 형제자매가 있는 경우와 어린 형제자매가 있는 경우에 차이가 있는지도 함께 살피려 했다. 연구 결과에는 차이가 나타났다. 누나와 함께 자란 남자들이 여동생과 함께 자란 남자에 비해 여성 파트너와 훨씬 좋은 관계를 유지했던 것이다. 여성 파트너에게 더 많은 질문을 던졌고 여성 파트너로부터 더 자신감 있고 다정하다는 평가를 받았다. 연구에 참여한 여성들은 여동생을 둔 남자보다 누나를 둔 남자를 더 오래 바라보는 경향이 있었고 이는 높은 호감도를 반영했다. 대화가 잘 통하는 남자를 누가 마다하겠는가?

2008년에 출간된 윌리엄 케인William Cane의 《출생 순위에 따른 사랑The Birth Order Book of Love》은 여기서 한 걸음 더 나간다. 케인은 학생 시절에 월터 토먼의 논문을 접하고 대학 친구들의 출생 순위를 모두 조사했다. 예외가 있긴 했지만 유형이 나타났다. 영어를 가르치는 일을 시작한 후에는 학생들에게 출생 순위를 묻고 관찰을 계속했다. 입맞춤 기술에 대한 첫 책이 성공한 후 그는 북미 전역을 돌아다니면서 다양한 커플을 관찰했다. 그리하여 양쪽 모두 맏이인 커플은 서로를 위해 헌신하지만 양쪽 모두 막내인 커플은 혼란스러운 관계를 맺는다는 점, 막내딸은 관객 앞에 나서기를 좋아하고 막내아들은 남들을 웃기려 한다는 점을 발견했다. 맏아들 출신인 케인에게는 가르치는 일이 적성에 딱 맞았다. 지금 그는 영어가 아니라 출생 순위가 인간관계에 미치는 영향에 대해 대학에서 강의한다. 학생들은 사랑이라는 혼란스러운 영역에 한 줄기 빛을 밝혀준다는 이유로 그의 강의를 좋아한다.

첫 째 딸 로 태 어 나 고 싶 지 는 않 았 지 만

누나들을 둔 남동생을 케인은 '신들의 연인'이라 묘사하며 다음과 같이 썼다. "누나들은 남동생이 어디서 무엇을 하든 관심을 갖는다. 동생 꿈을 꾸기도 하고 살뜰하게 챙긴다. 동생 입장에서는 특별히 할 일이 없다. 그저 가만히 있기만 하면 다른 어떤 남자보다 많은 사랑을 받는다." 38년 동안의 조사를 마친 후 케인은 다음과 같은 결과를 내놓았다.

- 진지한 역할은 대개 누나가 맡으므로 막내 남동생은 유머 감각과 창의성을 발달시키게 된다.
- 부모의 관심을 끌고 누나들의 괴롭힘을 막기 위해 남동생은 사회성이 좋고 다정한 성품을 갖춘다.
- 막내로서 소수자 처우, 멸종 위기 동물 등 약자 문제나 가려진 이슈에 관심이 많다(미국 영화산업의 아메리카 인디언 부당 처우에 항의해 아카데미상을 거부한 말론 브랜도Marlon Brando는 누나들이 있는 막내 남동생이었다).
- 다른 남자들에 비해 남들 기분을 직관적으로 잘 파악한다.
- 누나들 아래에서 큰 막내 남동생은 여자들과 잘 어울리고 자기를 좋아하게 만드는 방법을 안다.

물론 부정적인 측면도 있다. 막내 남동생이 누나들을 이상으로 삼아 우러러볼 수 있다. 혹은 버릇을 가르친다고 사사건건 간섭하고 드는 누나들 때문에 신물이 나기도 한다. 멀리 떨어져 산다 해도 잔소리는 그치지 않는다. 남동생의 파트너는 이 문제를 해결해야 한다. 막내 남동생은 맏딸과 가장 잘 맞는 짝이 될 수 있지만, 누나들 우러러보기를 끝낸 후에야 이것이 가능하다.

첫째끼리 사랑하기의
어려움

맏딸의 날 행사에 참석한 여성 중 25%는 자신의 파트너 또한 맏이라고 했다. 원만한 관계에 파문을 일으킬 생각은 없지만 자료에 따르면 맏이 두 사람이 늘 쉽게 어우러지는 조합은 아니라고 한다. 서로의 삶을 공유하는 두 맏이는 '서열 기반 갈등'이라는 문제를 겪을 수 있다. 가족은 서열 관계이다. 가족 내 아이들이 아무리 다른 모습이라고 해도, 또 집을 떠난 후 아무리 큰 성공을 거두었다고 해도 확고히 자리 잡힌 출생 순위는 변하지 않는다. 중요한 결정을 내려야 할 때면 맏이가 주도하고 어떤 일이 필요한지 파악해 역할을 나눠준다.

다음은 프랭크 설로웨이가 밝힌 맏이의 특징이다. 찰스 다윈을 흠모한 설로웨이의 출발점은 부모의 온전한 관심을 향한 형제자매들의 끝없는 경쟁이었다. 그가 정리한 특징 목록은 역사적으로 권력을 지녔던 남성들을 바탕으로 추출된 것이다. 수천 건의 전기에서 설로웨이가 추출한 장남의 일반적 자질을 보자.

- 지배적
- 단호함
- 경쟁적
- 유연성 부족
- 공감 부족
- 보수적
- 전통적
- 잦은 짜증

이를 맏딸의 다섯 가지 특징, 즉 책임감, 성실성, 진지함, 효율적일처리, 보살핌과 비교해보라. 감이 잡히는가. 맏이 남녀가 늘 잘지내기는 쉽지 않다. 사랑이 충만할 때는 별 문제 없겠지만 첫 번째사랑의 파도가 지나고 나면 각자 나름의 방식에 익숙해져 있는 두사람이 크고 작은 온갖 일에서 합의를 끌어내야 한다.

케인은 맏이들을 국가의 지도자에 비유한다. 두 사람 모두 대통령이라 생각하는 상황에서 누가 양보를 하겠는가? 호혜적인 프로젝트라면 함께 일할 수도 있지만 그렇다 해도 누가 방향을 정하고필요 업무를 조직할 것인가? 첫째 커플은 함께 무엇을 하며 시간을보낸다 해도 둘 다 리더라는 데서 비롯되는 서열 갈등을 빚을 수밖에 없다는 것이 케인의 결론이다.

자신을 드러내야 할 때

장녀가 가운데 아이로 태어난 파트너를 만나는 것은 어떨까? 가운데 아이의 특징은 쉽게 정의되지 않는다. 온갖 모습으로 다양한 것이다. 맏딸은 동생들이 태어나도 절대 변하지 않을 자기 지위를 갖고 있다. 맏이는 딱 한 사람만 될 수 있으니 그렇다. 하지만 잠시 막내였다가 가운데 서열이 되는 아이에게는 그런 확실한 지위가 없다. 막내였던 아이는 동생이 태어나면서 사다리를 한 계단 오른다. 나이 차가 좀 크게 벌어지면 형제들 사이에 작은 무리가 생겨난다. 과거의 대가족에서는 가운데 아이가 나이 많은 형제자매 중 막내 혹은 어린 형제자매 중 첫째라는 식의 새로운 지위를 갖곤 했다.

가족 수가 적어진 요즘에는 가운데 아이가 다리 역할을 하게 된

첫째 딸로 태어나고 싶지는 않았지만

다. 올려다보면 여전히 배울 것이 많지만 내려다보면 이미 많은 것을 아는 존재이다. 부모의 관심이 맏이와 막내에 쏠리는 상황에서 가운데 아이들은 어떻게 행동해야 할지 혼란스럽다. 그리하여 가정 바깥으로 시야를 돌리는 일이 많다. 부모에게 의존하지 않으면서 바깥쪽 사람들과 친밀한 관계를 형성한다. 가운데 아이에게는 선택하여 만들어진 이런 관계가 혈연 관계보다 더 중요하다. 적응을 잘하는 성격과 새로운 경험에 대한 개방성 덕분에 가운데 아이는 인기가 있고 인생의 여러 단계에서 친구들을 만들어간다.

심리학자 캐서린 새먼Catherine Salmon과 언론인 카트린 슈만Katrin Schumann이 2011년에 쓴 책《둘째 아이의 숨은 힘 The Secret Power of Middle Children》은 가운데 아이의 숨겨진 여러 측면을 부각시킨다. 10년에 걸친 연구 결과 저자들이 잡아낸 가운데 아이의 세 가지 특징은 다음과 같다.

- 선택하여 만든 관계에 대한 헌신
- 쾌활함
- 경험에 대해 열린 자세

또한 가운데 아이는 갈등을 싫어해 먼저 관계 복구를 시도하는 유형이라고 한다. 하지만 좋은 싸움이라면 피하지 않는다. 열띤 논쟁은 전쟁이라기보다 사안의 여러 면을 보여주는 유용한 정보 수

집 과정이라 생각한다. 형제자매 논쟁의 중간 역할을 많이 해본 덕분에 가운데 아이는 긴장 상황을 해소하고 극단을 피하며 어떻게든 효과적인 해결책을 찾아내는 사람이 된다. 자기 시간과 에너지를 아낌없이 내주고 매우 사교적이다. 첫째나 막내에 비해 친구들에게 값비싼 선물도 잘한다. 안정적이면서도 유연한 기질로 팀에 헌신한다. 남의 말을 경청한다. 때로는 친구들의 행복과 만족보다는 자기 자신을 위해 나서야 한다는 점을 배울 필요도 있다. 갈등을 회피하는 성향이 있지만 정서적 능력이 탁월하므로 칼보다는 말로 승리하는 평화 전사의 길을 갈 수 있다. 충실성, 친절함, 영리함 등의 자질을 갖춘 가운데 아이는 고집 세고 지배적인 맏이에게 훌륭한 파트너가 될 수 있다. 아이 같고 의존적인 막내에게도 역시 좋은 파트너가 될 것이다.

맏딸 자신은
어떤가?

이제 반대쪽을 살펴보자. 맏딸은 어떤 파트너인 걸까? 물론 좋은 파트너이다. 맏딸을 있는 그대로 받아들이는 상대 앞에서 맏딸은 마음 편히 성향대로 잘 살 수 있다. 하지만 거기에 도달하기 전에 해야 할 일이 있을 수도 있다. 막내 남동생이 누나들을 무대에서 내려보내야 하듯 맏딸들은 진정한 사랑을 찾기에 앞서 무언가 놓아야 한다. 동생들에 비해 맏딸이 훨씬 더 숭배했던 아버지라는 존재를 놓아야 하는 것이다. 아버지는 맏딸 인생 최초의 남자였고 지지와 위로를 주는 사람이었다. 맏딸은 아버지의 인정을 갈구하고 아버지는 첫 자식인 맏딸에게 특별한 시선을 준다. 그리하여 어린 소녀의 인식 속에서 아버지는 특별하고 배타적인 유대의 대상이다. 배우 기네스 팰트로가 처음으로 낸 요리책 제목이 《내 아버지의 딸 *My Father's Daughter*》이었을 정도로 말이다. 기네스는 아버지 브루스가 자신의 첫사랑이었고 자신은 가족에게 요리해주기를 좋아했던 아버지의 조수였다고 소개한다. 이 책에는 아버지가 아끼던 칼 사진도 들어가 있다. 아버지가 돌아가신 2002년에 기네스가 물려받은 칼이다.

맏딸은 오랜 시간 동안 아버지를 이상적인 남자로 간직하기 때문에 다른 사람이 들어갈 틈이 없다. 그러니 일단 그 공간을 비워야 한다. 이는 저절로 되기도 하지만 때로는 아버지 또한 약점과 강점이 있는 보통 사람일 뿐이라는 점을 지적해줄 주위의 도움이 필요하기도 하다.

제 남편이 여기 와 있으니 감사 인사를 하고 싶습니다. 여러 가지가 고맙지만 특히 제 드레스에 구멍이 났다거나 제 젖꼭지 두 개가 서로 다른 방향을 보고 있다는 것을 알려준 것이 그렇네요. 그런 일을 도와줄 전문가가 곁에 있다는 건 정말 좋습니다.　　　　　　　　　　- 엠마 톰슨Emma Thompson, 엠파이어 영화 시상식에서

'가족 세우기Family Constellation'는 다세대 치료 기법으로 가족 체계 이론에 뿌리를 두고 있다. 이 기법을 실시하다 보면 장녀가 아버지 옆자리를 어머니 대신 차지하는 모습이 자주 드러난다. 심리치료사 버트 헬링거Bert Hellinger는 《사랑의 숨겨진 대칭성Love's Hidden Symmetry》이라는 책에서 다음과 같이 기록했다. "인식하든 그렇지 않든 사람들은 부모에게서 얻지 못한 무언가를 얻으리라는 희망으로 남녀관계를 시작한다. 그리하여 관계는 아이와 부모의 관계처럼 발전한다. 아버지에게서 벗어나지 못한 여성은 어머니보다 자신이 아버지에게 더 좋은 파트너라는 비밀스러운 믿음을 지닌다. 아이로서의 믿음이다. 여성이 아버지를 찾는 딸로 남아 있는 한 그 여성은 성인 남녀의 관계를 맺을 수 없다." 어머니의 오랜 투병이나 때 이른 죽음 같은 외부적 조건이 맏딸을 아버지 옆자리에 가져다 두기도 한다. 맏딸이 동생들의 어머니 노릇을 하기 시작하면 혼란이 빚어진다. 맏딸 자신도 파트너를 찾는 데 어려움을 겪는다. 파트너의 지위를 이미 지닌 상태이기 때문이다.

가족 세우기 기법은 참여자가 다른 사람들의 '가족' 내 올바른 위치를 소리 내어 말하며 재현함으로써, 이를 통해 모두를 자유롭게 만듦으로써 작동한다. 맏딸 역할을 맡는 사람은 '부모' 역할을 맡은 이들에게 "당신은 내 어머니이고 나는 당신 딸이고 이것이 내 역할입니다." 그리고 "당신은 내 아버지고 나는 당신 딸이고 나는 당신 파트너가 아닙니다."라고 말하게 된다. 그리고 부모 역할을 맡은 이들도 그 말을 반복하며 확인해준다. 이렇게 말을 하고 나면 참석자들이 진짜 가족이 아님에도 균형이 회복되고 치료가 이루어진다. 역할을 맡은 사람뿐 아니라 그 가족 전체가 치료되는 것이다.

이상적인 파트너이자 연인, 어머니이자 배우자라는 원더우먼이 되고자 한다면 곤경에 빠지고 만다. 그 노력은 실패할 수밖에 없다는 것이 이미 분명하다. 가장 친밀한 관계에서조차 있는 그대로의 자기 모습을 보이지 않는다면 어디서 자신을 드러내겠는가? 맏딸인 브레네 브라운은 이 문제에 대해 좋은 조언을 한다. 진정한 소속감을 느끼려면 진정한 자아를 드러내야 하고 이를 가능케 하는 유일한 방법은 자기애라는 것이다. 과거에 브레네 브라운은 반대로 생각했다고 한다. 받아들여진다고 느끼기 위해 필요한 일을 무엇이든 해낸다면 그 결과로 자신도 행복해질 것이라고 말이다. 그리고 자기가 얼마나 많은 노력을 기울여왔는지 깨달은 다음에야 그토록 오랫동안 지쳐 있던 이유를 알았다고 한다.

내 모든 것을 인정해주고, 지나친 질투나 보살핌을 예방해주며, 삶이란 무엇을 했거나 할 수 있는가가 아니라 진정한 나를 찾는 과정임을 깨닫게 해주는 파트너가 있다면 크나큰 축복이다. 역동적으로 살아온 맏딸로서 우리는 신발을 벗어던지고 편안히 기대 앉을 수 있는, 제일 현명한 맏이 노릇이 필요 없게 되는 그런 안식처를 필요로 한다.

이 사람과 계속 함께 살 수 있을까?

잠에서 덜 깬 목소리로 어느 날 내 파트너 조스가 말했다. "당신이 고
래 구조 일 때문에 6개월 동안 어딘가 가버린다고 하는 꿈을 꿨어. 나
는 그럼 그냥 끝내버리자고 했지." 조스는 알고 있다. 내가 가장 두려
워하는 일이 내가 하는 일 때문에 그에게서 버림받는 것이라는 점을.
한밤중에 귀가하는 일이 많고 출장도 잦으며 늘 회의 준비로 동동거
리는 나를 버리기는 얼마나 쉽겠는가. 조스가 동네 술집에 가고 없을
때면 두려움이 찾아왔다. 나처럼 까다로운 여자가 싫어졌다면서 영원
히 돌아오지 않는다면 어쩌지?라고 내면의 목소리가 속삭이는 것이
다. 하고 싶은 일이 많고 삶을 원하는 대로 끌고 가고 싶은 마음이 큰
나 같은 사람은 누군가와 맞춰 사는 데 적합하지 않은 사람이라는 것
이 내 해묵은 두려움이다.

네 살 어린 내 여동생도 그랬듯 비스 역시 고등학생일 때 평생의 반려
자를 만났다고 한다. 하지만 내게는 훨씬 더 오랜 시간이 필요했다. 대
학 때 남자친구들을 몇 명 사귀었지만 온전히 마음을 줄 수 없었다. 관
계가 끝나고 나면 다시 날개를 펼쳐도 된다는 안도감이 들었다. 암스
테르담에 정착한 후에도 사랑은 성공적이지 못했다. 남자들은 충분히
야망에 넘쳤지만 내가 자기들 셔츠를 다려줘야 한다는 생각을 버리지
않았다.

그런데 조스는 완벽히 독립적이었다. 내 도움은 그 어떤 것도 필요하지 않았다. 그건 나도 마찬가지였다. 우리는 유머 감각, 인생관, 소소한 일상 이야기, 서로를 위해 거울을 잡아주는 방식, 주말에 함께 앉아 책을 읽는 소파에서 느껴지는 따뜻함 등을 공유했다.

1998년, 스코틀랜드 북부의 핀드혼Findhorn에 처음 가게 되었을 때 나는 영성이 충만한 그곳으로 이사하고 싶어졌다. 자연, 그리고 성스러운 뜻을 존중하며 어울려 살아가는 사람들 모습에 반해버린 것이다. 나는 조스에게 전화해 내 마음을 알렸다. 4년이나 함께 살았던 막내 출신 조스의 대답은 놀랍게도 "넌 네가 하고 싶은 일을 해야지."였다. 그러나 나는 핀드혼으로 이사하지 않았다. 조스와 헤어지고 싶지 않았고 공동체의 삶은 조스와 맞지 않았기 때문이다. 조스는 추상화가였고 나는 사회 개혁 운동을 했다. 우리는 각자의 삶을 살아나갔다. 동생들이 친구들과 운동을 하거나 모임에 나간 동안 내 방에서 혼자만의 세상에 빠져 있던 어렸을 때와 똑같았다. 조스 역시 자기 스튜디오에서 며칠이고 침묵 속에 작업하곤 한다. 누나 셋과 함께 자란 조스는 여자 다루는 법을 잘 알았다. 옆에 있어 주되 우는 소리를 늘 들어줄 필요는 없다는 점을. 정말 멋진 소식을 안고 내가 집으로 달려가 호들갑을 떨면 그는 조용히 들어주었다. 그리고 내 열정이 한참 지속되는 종류인지, 아니면 그냥 스쳐지나가는 종류인지를 시간을 두고 판별했다. 내가 의식 있는 삶의 방법을 찾기 위해 책을 뒤질 때면 필요 없는 다른 책들을 창고에 옮겨두어도 괜찮냐고 가만히 물어보았다. 내가 힘에 닿지 않는 일을 덜컥 벌일 때나 갑자기 폭발적으로 화를 낼 때면 눈길 한 번 줌으로써 그건 우리가 합의한 방식이 아니라는 점을 일깨 워주었다. 그가 이렇게 미리 경고를 보낸 덕분에 우리는 감사하게도 돌이키지 못할 지점까지 가지 않았다. 그는 내 두려움에 고개를 저으며 고래를 구출하기 위해 내가 갑자기 사라지지 않는 한 두려워할 필요는 없다고 말해준다.

엄마가 되고,
엄마를 이해하고

    새로 태어난 맏딸은 엄마의 삶을 완전히 바꿔놓는다. 사전에 아무리 준비를 한다 해도 그 변화의 폭과 정도를 미리 짐작하기란 불가능하다. 처음 아이가 태어난 순간은 영원히 잊을 수 없다. 맏딸이 이제 몇 살이 되었든 엄마를 엄마로 만들어준 존재인 것만은 여전하다. 엄마가 자기 안에서 넘쳐나는 사랑을 처음으로 깨닫게끔 해주는 존재이다. 다시 아이를 낳아 똑같은 사랑을 준다 해도 처음으로 그 폭포수 같은 애정을 경험하게 했던 맏딸은 언제나 특별한 의미를 지닌다. 임신과 출산에 대해 아무리 많은 책을 읽었다 해도, 경험 많은 엄마들로부터 아무리 많은 이야기를 들었다 해도 실제로 겪기 전까지는 절대 알 수 없다.

    산부인과 의사이자 작가인 크리스티안 노스럽Christiane Northrup은 수많은 산모들의 출산을 지켜보았음에도 불구하고 자신의 첫 출산을 경이로운 경험으로 묘사한다. 인생 경험들이 대개 그렇듯 출산 역시 직접 경험하는 것이 핵심이다. 출산한 엄마는 자기 아이가 세상 최대의 기적이라고 즉각 믿게 된다. 아이가 태어나자마자 그 아이를 사랑하고 보호하기 위해 필요하다면 무슨 일이든 할 수 있게 된다. 아이를 행복하게 만들기 위한 노력에 무조건적으로 자신을 던져 넣는다.

갑자기 당신과 파트너는 커플을 넘어서 가족이 된다. 계속 성장하는 가족 말이다. 둘째가 태어나면 당신 아이도 당신 같은 맏이가 된다. 아이에게 이는 어떤 의미일까? 당신이 적응했듯 아이도 그 역할을 해낼 수 있을까? 혹은 엄마인 당신이 맏이라는 점이 작용해 상황이 다르게 펼쳐질까? 엄마인 당신과 똑같이 맏이인 딸을 두는 것이 엄마에게는 어떤 의미일까? 아이에게서 자기 모습을 보게 될까? 자기가 자라던 때와는 다른 환경을 만들겠다고 결심하게 될까? 과거가 고스란히 반복될까?

엄마 앞의
맏딸

크리스티안 노스럽은 《엄마─딸의 지혜*Mother-Daughter Wisdom*》라는 책에서 어린 소녀와 어머니의 관계만큼 어린 시절에 강렬하게 경험하는 것은 없다고 했다. 소녀는 어머니가 여성으로서 자신을 어떻게 느끼는지, 자기 몸을 어떻게 바라보는지, 자신을 어떻게 보살피고 삶에서 무엇이 가능한지 등 어머니의 생각을 자기 세포 속에 깊이 새겨 넣는다. 어머니의 믿음과 행동은 어른이 되어 자신을 어떻게 보살필 것인지 결정한다. 물론 성장의 배경이 된 문화도 중요하다. 하지만 노스럽은 어머니 한 사람이 문화보다 몇 배 더 강한 영향력을 지닌다고 주장한다. 어머니와의 관계는 강력하고 열정적이고 친밀할 수 있다. 혹은 서로에게 실망하고 상처를 주는 모습일 수도 있다. 어머니와 그 어머니의 치유되지 못한 두려움과 상처, 슬픔은 아이에게 이어져 내려와 관계의 일부가 된다.

> 저를 두고 탈레반의 총을 맞은 아이라고도 하고 권리를 위해 싸운 아이라고도 합니다. 하지만 남동생들은 여전히 저를 무서운 누나라고 부르지요. 저는 세상의 모든 어린이가 같은 권리를 지니고 평화롭게 살도록 나선 한 사람일 뿐입니다.
> — 말랄라 유사프자이Malala Yousafzai, 노벨상 수상 연설 중에서

맏딸의 날 행사에서 우리는 '가족 안에서 가장 중요한 관계는 무엇입니까? 어떻게 그 관계를 표현할 수 있습니까?'라는 질문으로 워크숍을 진행했다. 곧 어머니와의 관계가 화제로 등장했다. 그 관계는 늘 단순하고 명확하지는 않았다. "어머니는 자기 원칙을 고수했고 저는 거기 맞춰 사느라고 자신을 잃어버리기 시작했어요."라

든가 "절대로 어머니의 기대를 만족시킬 수 없다고 느꼈습니다. 너무 많은 것을 기대하는 어머니 앞에서 저는 시작하기도 전에 마비되곤 했죠."라는 말이 나온 것이다. 어머니의 행복에 막중한 책임을 느낀 나머지 진실한 관계를 맺지 못했다고 토로한 참석자도 있었다.

다른 한편 이런 말에 깜짝 놀라는 맏딸들도 있었다. 이들은 어머니와 늘 아주 가까운 관계였고 그런 문제는 상상도 못했다는 것이다. 어머니와 함께 있으면 가장 편안하고 삶의 모든 문제에 대해 마음 편히 대화할 수 있다고도 했다. 이는 밀착된 관계의 양상이 크게 달라질 수 있음을 보여준다.

엄마의 이름을
불러보면

어머니와의 관계가 편하든, 친밀하든, 복잡하든 간에 당신은 중간 다리이다. 어렸을 때 당신이 거쳐온 모든 일이 여전히 당신 안에 남아 있고 이는 알게 모르게 당신 자식에게 그대로 전달될 것이다. 당신의 어머니는 맏이였나, 막내였나? 어머니가 왜 현재의 모습인지 알아야 그 행동을 제대로 인식하고 반응할 수 있다. 어머니를 바꾸지는 못하지만 어머니에 대한 당신 자신의 인식은 바꿀 수 있다. 현재 어머니와의 관계에 문제가 있다면 어째서 어머니가 그런 식으로 행동하는지 그 입장에서 이해할 수 있다. 어머니가 나름대로 최선을 다했다는 점을 인정하기만 해도 치유의 효과가 있다.

노스럽은 여성들이 자신이 짊어진 이전 세대의 모습을 깨달을 필요가 있다고 했다. 여성들 그룹과 상담하면서 노스럽은 우선 어머니와 외할머니, 증조외할머니 이름을 차례로 소리 내서 부르게 한다. 사람들은 눈물을 흘린다. 나를 세상에 있게 한 그 이름들을 소리 내 말하는 것만으로도 어머니, 그리고 선조들과의 끊을 수 없는 인연이 드러나는 것이다. 자기 것이 아닌 고통이 수면에 떠오르기도 한다. 모계로 이어지는 깊은 흐름을 인식함으로써 더 좋은 어머니가 될 수 있다는 주장은 노스럽 외에도 여러 학자들이 내놓은 바 있다.

부모로서 자기 역할을 인식하는 일은 서서히 발전하면서 이루어진다. 부모의 사랑은 그저 강력하지만은 않다. 이는 극단적으로 취약한 사랑이기도 하다. 아이에게 일어나는 일들은 곧바로 부모 가슴에 파고든다. 새로운 상황에서 아이가 어떻게 반응하는지 보면서 당신에게 일어나는 일을 인식하다 보면 자신을 더 깊이 알 수 있다. 자신과 어머니의 관계를 살피고 분석할 용기가 있다면 맏딸이 감정적으로나 신체적으로 건강하게 살아갈 가능성을 최고로 높이게 된다.

맏딸은
타고난 걱정꾼?

아무리 잘 준비되고 각오가 단단한 부모라도 실수를 저지른다. 그럴 수밖에 없다. 부모는 시행착오를 거쳐 학습하는 중이고 맏이는 기니피그 역할이다. 케빈 리먼은 《나는 왜 나인가》에서 맏이인 부모는 맏자식에게 과도한 요구를 할 가능성이 높다고 썼다. 맏이가 자기 자신이라도 되는 듯 높은 기대 수준을 부과한다는 것이다. 부모 역할을 처음 해보는 상황이므로 자신이 기대하는 것이 무엇인지조차 제대로 모른다. 평균적인 아이들이 생후 12개월에 걸음마를 시작한다고 하면 맏이를 키우는 부모는 11개월부터 준비도 안 된 아이에게 걸음마를 재촉할 것이다. 경험 많은 부모라면 때가 되면 걷게 된다는 점을 안다. 리먼에 따르면 맏이인 어머니는 자신도 모르게 맏이를 다른 자식들보다 더 압박한다고 한다.

맏이가 엄마처럼 되고 싶어 얼마나 노력하는지 주의 깊게 살펴봐야 한다는 점에 대해서는 모든 전문가들이 동의한다. 격려와 칭찬의 말과 함께 미소를 지어준다면 아이의 안정감이 굳건해진다. 그리하여 어머니를 흉내 내 최대한 어머니와 가까워짐으로써 관심을 끌려고 노력할 것이다. 꼬마 어른이 되려는 이러한 시도는 한편 위험하다. 그 어린 아이가 어떻게 부모처럼 행동을 해내겠는가? 불가능한 과업이다. 딸에게 많은 관심을 주는 것은 물론 필요하지만 발달을 독려하려는 의도라 해도 딸이 스스로 늘 부족하다고 느끼게 만드는 것은 좋지 않다.

또 다른 함정은 부모가 자신의 이루지 못한 꿈을 맏딸에게 투사할 가능성이다. "우리는 맏이가 정말 자랑스러워요. 재능이 아주 많답니다." 이렇게 말하면서 못 이룬 꿈을 가슴 한 구석에 품은 부모로서는 딸이 그 꿈을 이뤄주길 바랄 수 있다. 딸이 그걸 좋아한다면 더 좋은 일이다. 이탈리아의 영화배우로 세계 영화계에 기여한 공을 인정받아 아카데미상을 받기도 한 소피아 로렌Sophia Loren은 자서전《어제, 오늘, 내일Yesterday, Today, Tomorrow》에서 자신이 이룬 모든 일은 어머니 로밀다 덕분이라고 썼다. 세상물정 모르던 맏딸을 미녀 배우로 키워낸 것이 바로 어머니였던 것이다. 끼니 해결할 돈도 부족한 환경이었지만 어머니는 기어이 딸의 미모와 재능을 꽃피워냈다. 자신도 배우를 꿈꿨지만 부모의 뒷받침을 받지 못해 포기했던 어머니가 자기 꿈을 잊지 않았던 것이다. 그리고 착한 맏딸 소피아는 늘 그렇듯 어머니의 뜻에 복종했다. 배우의 길에 들어섰을 때 소피아는 나이가 너무 어렸지만 어머니는 딸의 머리를 틀어 올려 더 성숙해 보이도록 했고 맏딸이 영화판에서 성공할 수 있도록 온 힘을 다해 도왔다.

소피아 로렌의 경우 해피엔딩이었지만 그저 착한 소녀가 되어 부모의 기쁨이 되기 위해 애만 쓰게 되는 경우도 있다. 맏딸의 부모로서는 맏딸의 선택이 온전히 스스로의 것인지, 아니면 부모를 행복하게 해주기 위한 순종의 결과인지 파악할 필요가 있다.

어떤 두려움과
불안

이상하게 들릴지 몰라도 그토록 자랑스러운 맏자식은 동시에 가장 큰 걱정거리이기도 하다. 부모 자신의 모습을 그만큼 많이 보이기 때문에 걱정을 유발한다. 어떤 두려움과 불안이 맏딸을 괴롭히는지 맏딸 출신인 당신도 잘 안다. 마치 거울을 통해 자신을 들여다보는 듯하다. 맏딸은 동생들보다 더 큰 칭찬과 지지를 필요로 할 것이다. 가장 뛰어난 자식이 되고픈 마음 때문이다. 엄마가 된 맏딸인 당신은 곤경에 빠질 수 있다. 발전이 행복의 열쇠라는 생각, 영원히 더 나아져야 한다는 생각이 어떤 것인지 잘 알기에 아이를 거기서 보호해주고 싶다. 어린 동생 못지않게 맏딸을 사랑한다는 점을 깨닫게 하고 싶다. 맏딸이 뭘 잘해서가 아니라 있는 그대로 사랑한다는 점 말이다. 이와 관련해 칭찬하는 방법도 도움이 된다. 무언가를 잘해서 해주는 칭찬("방을 정말 깔끔하게 치웠구나.")와 거짓 칭찬("이렇게 청소를 잘하다니 넌 세상에서 제일 사랑스럽고 똑똑한 아이야.")은 서로 다르다. 맏딸은 당신의 사랑이 자기 행동과는 아무 관련이 없다는 점을 깨달으면서 마음이 더 편해질 것이다.

> 삐쩍 마른 몸에 강박적으로 집착하는 이 세상에서 우리 두 딸이 텅 빈 머리에 이기적인 말라깽이가 되지 않으면 좋겠다. 독립적이고 재미있고 이상을 꿈꾸고 친절하고 의견이 분명하고 독창적이고 재미있는 사람이 빼빼 마른 사람보다 훨씬 중요하다는 점을 알면 좋겠다. 딸들이 허마이오니처럼 되면 좋겠다.
>
> - J.K. 롤링, 블로그 'For Girls Only, Probably' 에서

맏딸은 타고난 걱정꾼 성향 때문에 부모의 근심을 사기도 한다. 넘치는 책임감으로 동생들의 미래에 대해, 부모 사이 관계에 대해, 할아버지 사후 할머니의 삶 등에 대해 걱정하기 때문이다. 맏이의 세계가 넓어질수록 불안한 일도 많아진다. 저녁 뉴스를 보고도 걱정한다. 어느 어머니는 자기가 직장에서 돌아올 때 벌어지는 상황에 대해 들려주었다. 열세 살짜리 맏딸은 낙담한 얼굴을 하고 거실에 앉아 있다. 하루를 어떻게 보냈는지 물어봐도 그냥 어깨를 살짝 들어 올려 보일 뿐이다. 동생 둘은 달려 나와 하루 일을 얘기하고

뭔가 보여주느라 바쁘다. 아이들의 어머니는 이렇게 말했다. "작은 아이들과 재밌게 어울리느라 맏이를 그냥 내버려두기도 해요. 물론 같이 어울리자고 끌어당기지만 제대로 반응이 없죠. 맏딸은 세상의 온갖 고통 앞에서 우리가 어떻게 그렇게 쾌활한지 이해를 못하고 우리는 또 맏딸이 좋은 분위기를 깨지 않았으면 싶고요."

모든 맏딸이 이런 상황에 놓인 것은 아니다. 편하게 사는 맏딸도 있다. 하지만 책임감과 배려심 때문에 맏딸은 자주 제일 많이 걱정하는 사람이 된다. 거기에 진지함까지 더해지면 당신의 맏딸은 세상 근심을 모두 짊어지게 될 수도 있다.

맏딸에게는 더
특별한 아버지

아버지와 딸의 관계는 과거에나 현재에나 영웅과 공주의 이야기이다. 고전적인 심리분석 이론에서는 딸아이가 아버지와 사랑에 빠진다고 설명한다. 아버지는 딸과 결혼할 수는 없지만 보호해주고 험난한 세상의 삶을 준비시키는 존재이다. 갓 태어나 품에 안긴 그 작고 여린 딸아이만큼 아버지를 감동시키는 것은 없고 그리하여 대개 아버지들은 최선을 다한다. 아버지가 공중으로 던져 올려도 안전하게 다시 받을 거라고 완벽하게 믿어주는 딸은 공주가 아닐 수 없다. 우리가 만나본 맏딸들은 나이가 들고 삶에서 많은 성취를 이룬 후까지도 영웅으로서의 아버지 모습을 여전히 생생하게 간직하고 있었다.

아버지와 관련해서는 정체성 문제가 없다. 딸들이 동일시하다가 빠져나와야 하는 대상은 어머니이다. 어머니와 닮지 않기 위해 나름의 길을 선택하는 딸들도 간혹 있다. 아버지는 특별하다. 맏딸의 날 행사 동안 여성들은 아버지가 어머니보다 훨씬 더 쉽게 자랑스러운 감정을 드러냈다고 말했다. 낚시나 하이킹, 모험 여행 등에 아버지를 따라가서 씩씩한 모습을 보여주면 금세 아버지의 마음을 얻을 수 있었다는 것이다. 맏딸들은 손쉽게 아버지를 조종했던 경험도 털어놓았다.

한편 어머니가 이런저런 이유로 양육자 혹은 배우자 역할을 못하는 경우 자신이 엄마 자리를 대신하겠다는 생각도 있었다고 한다. 그리고 지금까지도 가족 전체를 위해 뭔가 해결할 일이 생기면 아버지와 함께 처리하는 편이 좋다고 했다. 아버지를 뒤따르며 삶의 방식을 배우고 평생 공통의 화제를 갖는 경우도 있었다. 아버지는 맏딸에게 영감의 원천이자 늘 가장 존경하는 대상이고 자신의 성취를 인정받고 싶은 상대이다.

아빠는 딸을 더
용감하게 만든다

아버지와 맏딸 사이에 유달리 강한 유대가 형성되는 데는 출생 순위가 중요한 역할을 한다. 둘째 아이 돌보기에 바쁜 어머니는 맏이를 아버지에게 맡기곤 한다. 자기도 모르게 특별한 부녀 관계를 조장하는 셈이다. "둘째를 돌봐야 하니 맏이는 당신이 좀 봐줘요."
라는 엄마의 말에 맏딸은 즐겁게 아빠에게 간다. 동생에게만 시간
을 쓰는 엄마 때문에 약간 상처를 받을 수도 있지만 아버지가 자신
을 돌보아준다는 데 으쓱한다. 아버지를 열렬히 좋아하고 영원히
아버지와 특별한 관계로 남고 싶은 것이다.

아버지들은 아이를 대하는 태도가 어머니들과 다르다. 딸이 나무
에 오르면 "더 높이!"라고 외친다. 이런 말을 들은 딸은 더 용감하
고 씩씩해지고 아버지와 노는 것을 좋아하게 된다. 어머니가 조심
하라고 주의를 줄 때 아버지가 계속하도록 독려하는 경우 더욱 그
렇다. 이런 순간 딸은 아버지와 한층 강한 유대를 느끼게 된다. 어
머니를 빼놓고 일종의 협약을 맺은 셈이니 말이다. 자기 가치를 인
정받는다고 생각한 딸은 더욱 아버지 쪽을 지향한다. 좋은 행동이
나 높은 성적을 통해, 그리고 성장한 이후에는 도전적인 직업 등을
통해 아버지를 기쁘게 하려는 욕구가 맏딸에게는 평생의 강력한 동
기로 작용한다.

과학 전문 기자 폴 레이번Paul Raeburn은 아버지가 자녀들의 삶에
얼마나 중요한지에 대한 과학적 증거를 찾고자 했다. 2014년에 출
간된 그의 책《아버지가 중요한가?*Do Fathers Matter?*》에서 그는 아버
지들이 통상 생각하는 것보다 자녀 교육에 큰 영향을 미친다고 설
명했다. 정서적, 신체적으로 건강에 미치는 영향도 컸다. 부인이 임
신하고 나면 예비 아버지에게도 호르몬 변화가 일어난다. 레이번은

아버지가 중요한 존재인 만큼 처음부터 제자리를 지켜야 한다고 강조한다. 의식 있는 아버지들은 한밤중에 아기를 달래기 위해 기꺼이 침대에서 일어날 것이다. 이들은 '새로운 아버지'이다. 둘째 아이가 태어나면 맏딸에게 더 신경을 쓰려 하는 것이 당연하다. 오늘날에는 어머니가 가장 역할을 하고 아버지는 전담 양육자가 되는 경우도 늘고 있다.

> 맏딸 어머니에게서 태어난 맏딸은 덜 맏딸다울 수 있다.
>
> – 어느 맏딸, 맏딸의 날 행사에서

내 딸은 다르게
키우겠다는 결심

거의 모든 사람이 자기는 부모와는 다른 부모가 되겠다고 생각한다. 더 좋은 부모가 되겠다는 것이다. 또 어머니와의 관계가 어떠했든 맏딸과는 최고로 좋은 사이가 되고 싶어 한다.

맏딸이 어린 동생들을 책임지려는 성향을 보일 때 어머니로서 당신이 개입할 수 있다. 당신은 맏딸이 일정 정도를 넘어서 지나치게 무거운 부담을 지지 않도록 하고 싶을 것이다. 부모가 맏이인 당신이 가장 현명한 존재이기를 기대하고 독려했다면 당신은 맏이인 아이에게 그런 부담을 지워주려 하지 않을 가능성이 높다. 어린 나이부터 가정에서 동생들 도시락을 챙기고 옷을 입혀주는 등 실제적인 돌봄 활동을 한 경험이 있다면 당신의 맏딸만큼은 자유로운 시절을 보내길 원할 것이다. 맏딸을 베이비시터로는 만들고 싶지 않을 테니까.

맏딸의 날 행사 중에 청중들이 안도의 한숨을 내쉰 순간이 있었다. 어머니와 함께 참석한 젊은 맏딸이 자신은 맏딸이라는 지위와 무거운 책임을 전혀 연결 짓지 못하겠다고 말했을 때였다. 그날 모인 많은 어머니들이 바로 그것을 목표로 삼고 있었다. 맏딸로서의 자기 경험이 어머니가 된 지금 유익하게 작용하다니 반가운 일이 아닌가?

모든 사람의 행복이 자기 책임이라는 믿음은 어린 소녀에게 위험하다. 자신이 진정 느끼고 원하는 것이 무엇인지 파악하지 못하도록 가로막아 아이 시절과 이후 삶에 영원히 복구 불가능한 흔적을 남기기 때문이다. 자신을 즐겁게 하는 일을 찾는 것보다 남을 행복하게 만드는 일이 더 중요하다고 여기는 것은 문제가 될 수도 있다. 맏이로서 그 문제를 인식한 당신은 맏딸이 자기 길을 가도록 이끌 수 있다. 책임감과 성실함, 진지함으로만 움직이지 않게 해줄 것이다. 그런 것들이 물론 모두 훌륭한 자질이지만 자칫 자기 직관과 마음의 속삭임을 놓치게 만들 위험이 존재하기 때문이다.

우리 딸 맥스를 소개하려니 몹시 설렙니다. 딸아이는 우리를 희망으로 가득 채웠고 우리가 다른 사람들과 힘을 합쳐 더 좋은 미래를 만들도록 했습니다.

– 프리실라 챈 주커버그Priscilla Chan Zuckerberg, 페이스북에서

어떻게 살겠다고 아무리 굳게 결심한다 해도 삶은 완전히 다르게

흘러갈 수 있다. 육아 전문가들은 이론과 현실이 늘 다른 법이라고 지적한다. 맏딸의 어머니로서 당신은 딸이 좋아하지 않는 일을 시키지 않겠다고 결심했음에도 불구하고 어느 시점에는 그렇게 하고야 만다.

맏딸의 날 행사에서 어느 젊은 어머니는 딸에게 작은 과업들을 주고 있다고 말했다. 다른 어머니가 자기는 딸에게 굳이 필요 없는 책임을 전혀 지우지 않았다고 밝히자 젊은 어머니는 놀랍다는 반응을 나타냈다. 자신의 행동을 돌이켜 생각해보지 않았고 피하고 싶었던 상황이라는 점을 인식조차 못한 것이다.

비스에게도 같은 일이 벌어졌다. 비스의 맏딸 디디는 이미 성인이다. 맏딸이 어린 나이에 과도한 책임을 지지 않도록 신경을 썼다는 비스 말에 디디는 웃음을 터뜨리며 어린 동생이 아무도 모르는 사이에 수영장에 빠졌을 때 자기가 뛰어들었던 일을 기억하지 못하느냐고 되물었다. 디디는 한순간의 망설임도 없이 그런 행동을 했다고 설명했다. 책임감이 이미 확고한 상태였던 것이다. 디디는 맏딸과 둘째를 똑같이 키웠다고 주장했지만 맏딸의 생각은 달랐다. 머리가 좋으니까 학교에서 좋은 성적을 받아야 한다는 기대가 분명했다고 했다. 비스는 결국 자신이 둘째보다 맏딸에게 더 많은 압박을 가했다고 인정할 수밖에 없었다. 다른 어머니들과 마찬가지로 비스도 맏딸 디디를 통해 모범을 세우려 한 셈이었다. 둘째는 맏이를 통해 간접 경험을 쌓고 성장하게끔 하고 말이다. 비스는 새롭게 깨달았다.

완벽한 엄마도
완벽한 첫째 딸도 없다

아이 양육은 부딪치면서 배울 수밖에 없는 기술이다. 맏이가 가장 미숙하고 실수가 많은 어머니 밑에서 자라게 된다는 점을 부정할 사람은 없을 것이다. 맏딸들 대부분은 사소한 잘못이라도 저지르지 않으려 애쓴다. 하지만 어머니로서는 원하는 만큼 완벽하게 행동하지 못하는 것이 보통이다. 완벽한 어머니는 존재하지 않는다. 갑자기 어머니가 된 후 시간이 흐르면서 점점 더 나은 어머니로 성장하는 법이다. 맏딸에게 완벽함을 요구하지는 않는지 성찰해보는 과정은 도움이 된다. 맏딸을 어떻게 인식하고 있나? 맏딸은 어머니인 당신 눈 속에서 무엇을 보게 되는가? 두려움? 걱정? 실망? 사랑? 이해? 어머니인 당신이 맏딸의 유형을 더 잘 인식할수록 '완벽한 맏이'가 되어야 한다는 기대가 줄어들게 된다. 당신이 완벽한 어머니가 되기 어려운 만큼 맏딸 또한 완벽한 모습일 수 없다는 점을 깨닫는 것이다.

당신의 맏딸이 당신과는 다른 시대, 다른 가족에서 태어난 독립된 존재임을 잊지 말자. 그동안 많은 것이 변했다. 맏딸이 필요한 만큼 실수할 수 있는 권리를 줘야 한다. 그럼 잘 살아내기 위한 모든 조건을 갖춰주는 셈이다. 무슨 일이 일어나든 어머니의 깊은 사랑이 변치 않는다는 확신이 가장 중요하다.

엄마가 되어본 건 처음이라

첫아이를 가졌을 때 나는 온갖 조언을 들었다. 얼마나 많이 들었는지 그에 대해 칼럼까지 썼을 정도였다. 정확한 문장은 기억나지 않지만 지긋지긋하고 지친다는 내용이었다. 모두가 자기 의견이 가장 자연스럽고 좋은 방법이라 주장했다. 처음 만나는 사람이 다짜고짜 내 배에 손을 얹고 아들인지 딸인지 맞춰보겠다고 하면 재미있다가도 뭔가 오싹한 느낌마저 들었다. 아이를 어떻게 다뤄야 하는지, 뭘 하고 뭘 하지 말아야 하는지 알려주는 책들도 넘쳐났다. 친구 한 명은 어떤 임산부가 담배를 피우다가 휙 빼앗긴 이야기를 해주기도 했다. 물론 임신 중 흡연은 금기이다. 아무리 그렇다 하더라도 담배를 피우는 사람 손가락에서 마구잡이로 담배를 빼간다는 것이 말이 되는가? 나는 분노했다. 그리고 그 마음을 칼럼에 담았다. 임신한 여성을 그렇게 대하는 상황이 당황스러웠다. 아이 방을 3개월이나 미리 준비해두라는 말도 황당하게 들렸다.

처음 임신한 사람의 이유 모를 자신감으로 나는 모든 조언을 무시했다. 출산 예정일을 며칠 앞두고 이사를 하는 건 정신 나간 짓이라는 말도 물론 무시했다. 일꾼들을 모두 섭외했으므로 나는 물건 하나 옮길 필요가 없었다. 모든 것이 순조로웠지만 딱 한 가지, 새 집에 가구가 다 갖춰지지 않았다는 점이 문제였다. 화장실이 미완성이었고 침실에는 불이 들어오지 않았으며 커튼도 달지 못한 상태였다. 그래도 괜찮다고 생각했다. 며칠 만에 우리는 짐 상자를 다 풀었다. 그리고 디디가 태어났다. 플래시 불빛을 밝힌 침실에서 출산을 했다. 우리 부부가 진통 주기를 과장하고 있다고 생각한 조산사가 시간을 끌다가 늦게 도착하는 바람에 병원에 가지 못했던 것이다.

디디가 등장하면서 모든 것이 바뀌었다. 맏이가 주는 황홀감은 몇 주 동안 이어졌다. 이런 기적 같은 아이라니! 우리는 그 아이가 세상 그 어느 아이와도 비교 불가능한 존재라 확신했다. 디디 없는 삶은 상상도 할 수 없었다. 감정의 파도 속에서 우리는 잠깐의 휴식시간도 간신히 내야 했다. 3.3킬로그램짜리 아기가 먹고 자고 우는 것만으로도 우리 시간이 다 날아갔다. 디디가 맛있게 먹은 우유를 반이나 토해냈을 때에는 사색이 된 채로 전에 던져버렸던 책을 뒤졌다. 여동생이 '분출성 구토'라는 용어를 찾아냈다. 이모로서 동생도 새로운 생활에 적응하는 중이었다. 이게 무슨 재난이란 말인가. 조산사에게 와 달라고 연락했지만 거절당했다. 이번에는 조산사의 결정이 옳았다.

임신 기간 동안 사람들 조언에 콧방귀를 뀌던 내가 딸아이 출생 후에는 정보가 더 없는 것을 아쉬워했다. 그야말로 엄마가 된 것이다. 한편으로 이는 완벽히 자연스럽고 좋은 일이었지만 다른 한편으로는 이전까지 상상도 못했던 문제들 앞에서 벽에 부딪친 느낌이었다. 무수히 많은 아이들이 매일같이 태어나고 키워진다. 나는 내 직관을 믿었다.

어느 정도는 그게 옳았다. 그러면서도 참고할 만한 책들을 쉽게 구할 수 있다는 점이 고마웠다. 친구의 조언을 듣고 나서 소아과 병원을 찾은 덕분에 나는 표준 성장표에 기초한 냉정한 평가에 주눅 들지 않았다. 모르는 것이 워낙 많아서 실수도 많이 저지를 수 있다는 점을 인식했다. 나는 처음으로 엄마가 된 것이다. 그 무엇과도 다른 인생 경험이었다.

서로를 위해
존재하는 사람들

　　　맏딸의 날 행사에 참석했던 30대의 사업가 블랑슈는 자신이 예상보다 1년 더 집에 머물러야 했다고 얘기해주었다. 어머니가 일상의 동반자를 포기할 준비가 되어 있지 않았던 것이다. 자기를 두 번째 엄마로 여기는 열세 살 어린 여동생도 마음에 걸렸다고 했다. 그러다 마침내 떠난 블랑슈는 날개를 펴고 원하는 방향으로 날아가 자기 자신으로 살기 시작했다. 그래도 토요일 저녁 식사는 늘 가족과 함께한다고 했다. 어머니와 동생이 어떻게 지냈는지 들어준 다음에 혼자 사는 집으로 돌아오면 영원히 맏딸이어야만 하는 가족으로부터 다시 분리된 느낌이 든다는 것이다.

　　당신은 집을 떠날 수 있지만 가족은 절대 당신을 떠나지 않는다. 집집마다 유대 관계의 모습과 강도가 약간씩 다르기는 하지만 맏이

　　　　　　　첫째 딸로 태어나고 싶지는 않았지만

로서 했던 역할, 부모와 자식이 서로를 만들어간 방식은 자신의 일부로 남는다. 함께 자란 형제자매와는 떼려야 뗄 수 없는 관계가 형성된다. 함께 겪은 일이 너무도 많고 추억도 많다. 다시 떠올리기만 해도 웃음이 터지는 농담이 잔뜩이다. 친구들, 결혼 이후 맺어진 친척들은 가족들이 이기적인 고모나 괴짜 사촌 이야기를 끝없이 반복하는 걸 보면서 놀라고 또 지루해한다.

내용은 문제가 아니다. 일이 어떻게 되었는지는 누구나 알고 있다. 좋았던 옛날이야기는 동지애를 강화한다. 이야기의 반복은 함께 그 일을 겪었던 사람들만 이해할 수 있는 공유 기억을 확인시킨다. 한 지붕 아래 오랫동안 같이 살았던 사람이 아니고서는 가족의 삶이 정확히 어땠는지 알 방법이 없다. 매일같이 드나들던 이웃이나 친구들이라고 해도 온전한 모습은 알 수 없다. 일상의 좋은 점과 나쁜 점들, 누가 욕실을 독점했는지, 엄마는 언제 폭발했는지, 어째서 휴가 때마다 똑같은 장소에 갔는지, 일요일 아침에 아버지가 만든 달걀 프라이가 어땠는지 등을 남들에게 다 설명하기란 불가능하다.

함께 자라난 사이라면 상대의 말이 끝나기도 전에 왜 그 이야기를 꺼내는지 알아차린다. 때로는 기억이 똑같지만 때로는 전혀 기억이 다르기도 하다. 집을 떠난 후 사는 모습이 퍽 달라졌다 해도 형제자매가 한 무리라는 생각은 여전히 뼛속 깊이 박혀 있다. 맏딸은 옛날이야기를 제일 먼저 시작하는 사람이기 쉽다. 미지의 세계로 먼저 걸어가 자기 길을 개척하고 남은 사람들의 모범이 되는 일에 익숙한 탓이다. 그 발걸음은 아직 집에 남아 있는 동생들과의 차이를 어쩔 수 없이 강조해주기도 한다.

자기 관점을
갖기 위한 노력

자기 발로 일어서려면 차별화가 필요하다. 형제자매는 한 무리가 된다 해도 서로 똑같지는 않다. 이는 자라면서 더욱 분명히 드러난다. 출생 순위의 분명한 영향 외에도 성별, 기질, 지능, 관심사의 차이가 존재한다. 모두를 똑같이 대하는 가정이 있는가 하면 개성을 조금 더 인정하는 가족도 있다. 가족 안에서 선호되는 모습이 어떤 것이었든 그 엄청난 영향력은 홀로서기를 시작하면서 잘 나타난다. 늘 당연하게 생각하던 일들이 남들에게는 그렇지 않은 것이다. 돈을 쓰는 방식, 언제 무엇을 먹을지의 문제, 치약 뚜껑을 돌려 닫아두느냐 아니냐의 문제 등등. 새로운 친구는 낯선 관점과 습관을 알려준다. 우리는 시행착오를 거쳐 나름의 방식을 확립한다. 가족에게서 자유로워지면 크고 작은 문제를 스스로 해결할 수 있다. 어떤 접근법을 원하는지, 무엇이 나와 가장 잘 맞는지 확인할 수 있다.

어떤 사람은 인생의 수많은 문제에 나름의 답을 찾기 위해서 남보다 더 먼 거리를 필요로 한다. 맏딸의 날에 참석했던 40대 후반의 에밀리는 자기 의견을 갖기까지 오랜 시간이 걸렸다고 말했다. 심각한 우울증에 시달리는 어머니 아래서 맏딸로 자라면서 에밀리는 조용하게 지내는 것이 가장 중요하다고 생각하게 되었다. 그리하여 자기 의견이나 감정을 표현하지 않는 데 익숙해졌다. 괜한 소란을 불러일으킬 필요는 없었다. 에밀리는 한참 시간이 흘러서야 자신이 생각과 감정을 억누르고 살아왔음을 깨달았다. 그리고 자기 관점을 갖기 위한 노력을 서서히 시작했다고 했다.

다른 맏딸들은 오랫동안 부모님과 똑같은 정치인에게 표를 던졌다고 털어놓았다. 그 유능한 여성들이 유권자의 권리를 제대로 행사하지 못한다고는 아무도 생각지 못했을 것이다. 미국 국무장관을 지낸 매들린 올브라이트Madeleine Albright 같은 인물조차 자기 목소리를 내는 데 오랜 시간이 걸렸다고 언급했을 정도이다. "이제 내 목소리를 갖게 되었으니 더 이상 침묵하지는 않을 겁니다."

다른 모습으로
살아볼 수 있을까?

첫째로 태어난 이들은 오랫동안 가족에 충성을 다하는 일이 많다. 그리하여 의도적으로 균열을 만든 후에야 자기 삶을 펼칠 수 있는 경우도 생겨난다. 대가족 출신인 마리아는 살면서 계속 맏딸 노릇을 하며 동생들을 돌봐야 한다는 압박을 받았다. 그리하여 집을 떠난 날부터 가족과는 선을 긋고 직장 일에 전념했다. 지금까지도 가족과 일체 만나지 않는다고 하는 마리아는 다음과 같이 말했다. "그렇게 심하게 굴어야 했던 게 원망스러워요. 마치 도망치는 것 같았죠. 하지만 가족의 기대를 회피할 다른 방법이 없었어요."

첫 째 딸 로 태 어 나 고 싶 지 는 않 았 지 만

사회가 부여하는 이미지가 아니라 스스로 자기 이미지를 만들어간다고 결심하려면 상당한 용기와 독립심이 필요하다. 하지만 일단 시작하면 점점 쉬워진다.

- 저메인 그리어, 《여성 내시 *Female Eunuch*》 중에서

가장 가까운 사람들 앞에서 자기 자신을 찾기 위한 방법은 네 가지로 나뉜다. 순종하기, 반항하기, 공격하기, 균열 만들기가 그것이다. 순종적인 맏딸은 부모님 슬하에서 천천히 움직여 나온다. 아무도 변화를 눈치채지 않기를 바라면서 말이다. 집에 있을 때는 전과 똑같은 척, 나름의 발전을 이루지 않은 척한다. 반면 반항아는 정반대 방향을 택해 이전과는 전혀 다른 행동을 하게 된다. 아이가 어서 진정되기를 바라며 가족들이 두 손 모아 기도하게 만들면서 말이다.

공격하기를 택할 경우, 드러내놓고 기존 방식을 거부할 수도 있고 조용히 부정할 수도 있다. 어느 쪽이 되었든 부모가 자기를 옭아매는 감시자라고 여긴다. 이런 생각이 강해지면 내면에서 계속 부모님과 싸움을 벌이게 되어 불편한 상태가 된다. 언제 폭발할지 모르기 때문에 가족 중 누구도 감히 건드리지 못한다. 이 조마조마한 상태는 동생이 출생하던 당시 생겨난 분노에 근원을 두고 있는지도 모른다. 마지막 방법인 균열 만들기는 마리아가 선택한 것으로 휴식기 갖기, 잠시 연락 끊기, 관계를 단절하고 가족과 떨어져 자기 삶 찾아가기 등이 포함된다.

많은 맏딸들은 여러 전략을 혼합해 사용하기도 한다. 아버지가 원하는 교육을 받고 부모에게 익숙한 착한 딸의 모습을 유지하다가 어느 날 갑자기 기대에 전혀 못 미치는 신랑감을 데려오는 식이다. 의식적으로 가족에게서 완전히 물러설 수도 있다. 다른 마을, 다른 나라로 거주지를 옮기고 가족 모임에 전혀 참석하지 않는 것이다. 물리적 거리가 멀리 떨어진 상황에서 부모 마음속에는 이상적인 맏딸의 모습이 남아 있을 뿐, 실제로 맏딸이 어떻게 살고 있는지는 알지 못한다.

가족은 구성원들이 계속 새로운 스텝을 밟고 서로 부딪치며 자신을 표현할 공간을 찾아가는 춤 무대와 같다. 가족 중 한명이 자세나 동작을 바꾸면, 새로운 사람이 등장하거나 새로운 요구가 생기면 전체가 움직여 새로운 균형을 찾아야 한다. 가족이라는 춤은 계속 이어진다. 가족 구성원들은 서로 만나든 만나지 않든 계속 관심을 기울인다. "이제는 모두 마흔이 넘었지만 전 아직도 동생들이 별 문제 없는지 신경을 쓴답니다."라는 어느 맏딸의 말에 모두들 고개를 끄덕이며 공감을 표현했을 정도로 말이다.

과거의
역할

배우 선정을 위한 첫 시범 촬영 때부터 J.K. 롤링은 엠마 왓슨이 허마이오니 역을 맡아야 한다고 주장했다. 작가 롤링과 배우 엠마 왓슨은 모두 맏딸이다. 약 10년 동안 여덟 편의 〈해리 포터Harry Potter〉를 보면서 관객들은 엠마 왓슨이 배우로 성장하는 모습을 지켜보았다. 해리 포터 촬영이 완결된 후 엠마 왓슨은 머리를 짧게 잘랐다. 그 사진이 각종 잡지 표지를 장식했다. 하지만 엠마 왓슨의 사진을 보는 사람은 누구나 허마이오니를 떠올린다. 처음에 J.K. 롤링은 허마이오니에게 동생이 있는 것으로 설정했지만 이후 마음을 바꿨고 결국 책임감과 성실성, 일처리 능력으로 무장한 이 인물은 외동으로 남았다. 앞으로도 오랫동안 엠마 왓슨이 등장하는 영화 평에는 허마이오니가 언급될 것이다.

역할은 대단히 굳건하고 지속적이다. 영화배우에게만 그런 것은 아니다. 부모를 찾아뵙거나 안부 전화를 드릴 때면 과거 가족에서 하던 역할이 다시금 되살아난다는 느낌이 들 것이다. 그동안 성장하고 자아를 찾고 세상에서 중요한 일을 맡게 되는 식의 변화를 거쳤지만 가족이라는 무대로 들어가는 순간 이상한 일이 일어난다. 마치 영화 〈해리 포터〉 속으로 들어가는 것처럼 말이다. 좋든 싫든 다시 과거의 역할을 찾는다. 5초가 걸릴 수도, 5분이 걸릴 수도, 다섯 시간이 걸릴 수도 있지만 어떻든 그 시간이 흐르고 나면 익숙한 과거의 틀로 들어가게 된다. 달리 어떻게 해볼 도리가 없다. 막내라면 부모님의 결혼기념일 파티를 주관해야 한다는 생각을 어느새 까맣게 잊고 마구 들떠서 어린 시절의 이야기를 속사포처럼 쏟아낼지도 모른다. 모두들 그러려니 한다. 다들 과거의 역할로 돌아간 상황이니 아무 문제도 없다.

여러 해 동안 아무리 가깝게 지낸 사이라 해도 형제자매가 각자의 어린 시절을 어떻게 받아들이고 있는지는 제대로 알 수 없다. 시도는 해보겠지만 맏이인 당신 입장에서 늘 누군가를 뒤따라야 했던 상황, 인생길 앞쪽에 항상 누군가 있었던 동생들 상황을 진정으로 이해할 수는 없다. 맏이가 오래전에 읽었던 책을 따라 읽는 기분이 어떤지, 낡아버린 윗옷을 물려받는 것은 어떤지, 늘 성실했던 맏이를 기억하는 선생님과 만나는 것이 어떤지 알 수 없다. 맏이로서 당신은 동생을 두는 것이 어떤지를 알 뿐이다.

부모의 재혼으로
형제 서열이 바뀐다면?

　　　　　　일곱 살인 아이사는 맏이냐는 질문을 받으면 혼란
에 빠진다. 엄마의 맏딸이고 동생의 누나인 것은 맞다. 하지만 아버
지가 예전 결혼에서 얻은 네 자식을 고려하면 아이사는 가운데 아
이이다. 성장하면서 늘 분명히 인식하고 있을 사실이다. 반면 앤은
어머니가 재혼해 손위 오빠와 언니가 생겼을 때 이미 20대 중반이
었다. 그리하여 앤은 자매들 중 첫째라는 생각을 늘 하게 된다고 했
다. "물론 손위 형제자매가 갑자기 생겨서 좋은 점도 있어요. 언니
오빠가 취직을 어떻게 할지, 어떻게 배우자를 만나고 자녀를 두게
될지 정말 흥미진진하죠. 어머니가 언니 오빠의 미래도 걱정하게
되면서 저한테 가해지는 압박이 줄어들기도 합니다."

　　오늘날에도 혼인 관계를 오래 유지하고 자녀들의 형제자매 관계

가 끝까지 변하지 않게 해주는 사람들이 많다. 하지만 한편으로는 이혼으로 깨지는 가족이나 아예 결혼하지 않고 자식을 낳는 이들도 많다. 부모 중 한 명만 있는 가정이나 혼합 가족에서 자라는 아이들이 늘어나지만 정확한 통계는 나오지 않는 상황이다. UN 인구사회통계국은 전 세계 결혼 대비 이혼 비율을 추적 조사하고 있다. 그 결과 일부 지역의 이혼율이 특히 높은 것으로 나타났다.

이혼율에는 이혼에 대한 사회적 용인이 영향을 미친다. 이혼 절차가 얼마나 간단하고 비용이 얼마나 낮은지도 중요하다. 이혼율은 자메이카, 콜롬비아, 멕시코 같은 나라들에서는 상대적으로 낮은 반면 이른바 전통 문화를 내세우는 나라들에서는 급격히 높아진다. 미국에서는 결혼의 절반 이상이 이혼으로 끝난다. 미국의 인구 규모를 감안하면 엄청난 수의 가정이 깨지는 상황이다. 대략 6초에 한 집꼴이다. 그리고 결혼을 거듭하여 많이 할수록 또다시 이혼으로 끝날 가능성이 높다. 미국인을 대상으로 한 조사에서는 세 번째로 결혼한 경우 73%가 다시 파경을 맞는다.

유럽에는 이혼율이 더 높은 국가들이 있다. UN 인구사회통계국 자료에 따르면 이혼율은 벨기에가 73%로 선두이고 이어 포르투갈, 헝가리, 체코, 스페인, 룩셈부르크, 에스토니아, 쿠바, 프랑스, 미국 순이다. 이혼하고 나면 한쪽 부모가 자녀를 맡아 키우고 다른 부모는 방문 권리를 갖는 것이 오랜 관행이었지만 최근에는 부모가 양육 책임을 함께 나누는 경우가 늘고 있고 법률도 이를 따라가는

첫째 딸로 태어나고 싶지는 않았지만

추세이다. 이렇게 되면 아이가 한 부모를 선택해야 하는 가혹한 상황을 피할 수 있다. 아빠와 엄마의 집을 교대로 오가면서 아이는 부모 모두와 충분히 의미 있는 관계를 형성한다. 부모 중 한 명이 자식 있는 누군가와 새로 결혼을 한다면 혼합 가족이 생겨난다. 혼합 가족이 미치는 영향은 아이의 나이에 따라 달라진다.

당신 삶을 책임질 사람은 당신이다. 당신 삶은 무엇인가? 꽃송이 하나하나, 바위 하나하나, 나무 하나하나는 어떤 모습인가? 자신을 위해 만들어내는 에너지는 당신 책임이다. 남들에게 전달하는 에너지 역시 당신 책임이다.

- 오프라 윈프리, 〈오프라 윈프리 쇼〉에서

킹스칼리지 런던의 발달심리학 교수인 주디 던에 따르면 부모 양쪽 혹은 한쪽이 다른 형제와 함께 자라는 아이는 세 살만 되어도 자기와 피가 닿는 식구가 누군지 안다고 한다. 하지만 혈연이 아닌 형제자매들이라 할지라도 함께 살고, 놀고, 먹고, 이야기하고, 싸우는 기간이 길면 길수록 혈연 가족과의 차이가 줄어든다. 미국의 720개 가정에 대한 장기 조사 결과 한 해 한 해 지날수록 혼합 가족과 핵가족 사이 역학 관계의 차이가 줄어들었다고 한다. 평균적으로 6년이 흐르고 나면 차이는 완전히 사라진다. 서로 다른 결혼에서 탄생한 아이들이라도 유대 관계가 6년 이상 지속되는 경우에는 깨지기 어렵다는 것이다.

물론 모든 아이들이 그 6년을 집에서 보내지는 않는다. 따라서 이 유대는 함께 자라는 어린 아이들에게 더 잘 적용될 것이다. 6년이 지나기 전에 성장해 집을 떠나는 맏이와 손위들은 사정이 다르다. 새롭게 연을 맺은 동생들과 일상의 친밀감을 발전시킬 시간을 갖지 못한 채 자기 삶을 시작한다. 출생 순위에 따른 혼합 가족의 영향력에 대해서는 아직 연구가 이루어진 바 없다. 이 분야 연구의 선두 주자인 설로웨이는 이렇게 말했다. "계량화할 방법이 사실상 없다. 가족 붕괴는 출생 서열의 효과 예측까지 무너뜨린다."

새로운
시작

이혼은 긴 그림자를 드리우고 결혼식 같은 가족 행사에 긴장감을 조성한다. 이혼한 부모가 감정을 정리하고 치유되기까지는 오랜 시간이 걸린다. 크리스티안 노스럽 교수도 자신의 웹사이트에서 관련된 개인사를 털어놓은 바 있다. 노스럽의 막내 딸 케이트가 여자들만 초대해 결혼식을 열겠다고 했을 때 노스럽은 케이트의 새엄마와 열두 살짜리 새엄마 딸도 초청 대상에 넣도록 했다. '어머니든 축복이든 많아서 나쁠 것은 없다.'라고 생각했다고 한다.

예상 밖으로 그 결혼식은 노스럽 자신에게도 치유 효과가 있었다고 한다. 혼인 서약이 끝나고 난 후 전 남편이 노스럽의 손을 잡고

"오늘은 끝나는 날이자 새로 시작하는 날이군. 새로 시작하는 이 자리에 당신이 꼭 왔으면 했어."라고 말했던 것이다. 피로연 때는 전 남편이 재혼하여 얻은 어린 딸, 노스럽이 딱 한 번 만난 적 있는 그 아이가 다가와 노스럽을 끌어안으며 "우리는 어떤 가족 관계죠?"라고 물었다. 노스럽의 맏딸 애니는 "또 한 분의 어머니란다."라고 대답해주었다. 그 순간 갑자기 모두가 한 가족이 되었다고 했다. 막내딸이 결혼식 며칠 후에 보내온 편지를 통해 이렇게 말했다. "엄마가 그날 마음을 열어줘서 감사해요. 덕분에 엄마랑 아빠 사이의 긴장감을 걱정할 필요 없이 혼합 가족으로서 그 시간을 즐길 수 있었던 것이 저한테는 제일 큰 선물이에요."

돌보는 일은 평생 첫째 딸의 몫일까?

자식들이 모두 집을 떠나 자기 인생을 살기 시작한 후 함께 모이는 장소는 대개 부모님의 집이다. 부모님이 여러 길의 교차점이 되는 것이다. 주말마다 커피 모임을 하는 가족도 있고 명절이나 결혼식, 기념일에만 모이는 가족도 있다. 전통적으로 형제자매들이 서로의 소식을 접하는 통로는 어머니이다. 어머니는 모두의 이야기를 모아 또 모두에게 알려준다. 어떤 비밀이든 어머니는 거리낌 없이 공개해버린다. 형제자매 사이의 대화는 그 자리에 없는 누군가에 대한 이야기로, 혹은 늙어가는 부모님을 보살피는 문제로 이어지곤 한다. 누가 보살핌이라는 과업을 맡을 것인가? 가까이 살고 있는 막내가 나설 수도 있다. 보살피는 일에는 소질이 없는 아들은 대신 부모님 집 관리를 맡기도 한다. 하지만 대부분의 경우 부모를 보살피는 책임자는 책임감 있고 성실한 맏딸이다.

우리는 임상심리학자이자 심리치료사로 60세 이상 고령자들을 주로 만나온 마르가 야콥스Marga Jacobs를 인터뷰했다. 야콥스는 최근 여러 여성 환자들이 보이는 공통 특징을 발견했다고 설명했다. 더 이상 자기가 돌봐줄 사람이 없을 때, 혹은 건강 때문에 남을 돌보지 못하게 되었을 때 여성들이 혼란에 빠졌다는 것이다. 여성들은 기존의 행동 방식을 고집스럽게 주장하며 과거로 돌아가고 싶어 했다.

야콥스는 치료 과정에서 늘 출생 순위를 확인하고 일종의 가계도를 만든다고 했다. "이런 여성들은 예외 없이 맏딸이더군요. 아버지에 대해 맏딸들은 자기가 보호해야 하는 친구로 여기거나 아니면 아예 없는 존재나 마찬가지라고 생각했습니다. 반면 어머니와의 관계는 복잡하고 혼란스러웠어요. 맏딸은 끝까지 노년의 어머니를 보살피더군요. 어머니가 필요 없다고 거부해도, 심지어는 면전에 침을 뱉는 상황에서도 계속 찾아가는 극단적인 맏딸도 보았습니다. 어릴 때부터 가사를 맡아 해온 여성들이었죠. 교육을 받기 위해 오래전에 집을 떠났던 맏딸들도 부모님을 보살피거나 부모님 사이를 중재하기 위해 돌아오곤 했습니다."

야콥스는 지금과는 완전히 다른 시대인 1950년대 이전에 태어난 여성들에 대해 말한 것이다. 이후 여성 해방과 개인주의가 득세했다. 하지만 국가 재정이 축소되면서 여전히 보살핌이라는 과업은 여성의 몫으로 남아 있고 이는 특히 장녀의 역할이다.

당연히 떠맡는
일은 그만!

맏딸들이 다른 사람들을 잘 보살핀다는 특징을 공통적으로 보인다는 점은 그나마 다행이다. 야콥스는 맏딸이 겪을 수 있는 문제에 대해 다음과 같이 말한다.

"맏딸은 감사를 받는 위치입니다. 이것 하나만으로도 맏딸들은 보살핌을 중단하기 어렵습니다. 맏딸들은 남들뿐 아니라 자신도 돌봐야 한다는 점을 평생에 걸쳐 배워야 합니다. 다수는 그 배움에 성공하지만 어떤 이들은 결국 자기를 제대로 챙기지 못하는 함정에 빠져버리곤 해요. 나이가 들면 고독이 찾아옵니다. 늘 보살펴주려는 사람을 귀찮아하는 이들이 많고 그러다 보니 인간관계가 어려워지거든요. 이 강박적인 보살핌은 형제자매들 관계에도 균열을 만듭니다. 상담 과정에서 저는 고정된 유형을 좀 바꿔보라고 제안했어요. 맏딸들은 우선은 자신의 지속적인 보살핌 노력에 칭찬을 받고 싶어 하고 다음으로는 질문을 던지게 됩니다. '자신에 대해 갖는 이미지는 무엇인가? 자기 감정을 어떻게 다루고 있는가? 얼마나 오랫동안 인정과 감사를 갈구해왔는가? 지극한 보살핌의 대가로 무엇을 받았는가? 자신을 도와달라고 요청한 적이, 남들이 당신을 위해 무언가 하도록 했던 적이 있는가? 무엇을 원하는가?' 특히 마지막 질문을 받으면 다들 당황합니다. "제가 무엇을 원하느냐고요? 자식들이 행복하기를 원하지요."라는 답이 많이 나왔습니다. 맏딸들의 이런 유형을 처음 발견했을 때 저는 몇 차례 발표를 했습니다. 청중 한 명이 저는 맏딸이 아니냐고 묻더군요. 참으로 이상하게도 그때까지 제가 맏딸이라는 점을 인식하지 못하고 있었습니다. 사실 제게도 보살피는 역할은 당연하게 여겨졌지요. 그 역할을 너무 오래 담당하다 보면 인식조차 못하고 당연하게 받아들이게 됩니다. 그러나 그 일을 당연하게 받아들이기를 멈추는 것은 매우 중요합니다. 실제로는 원치 않고 할 수도 없는 일을 떠맡는 상황을 다시 검토할 수 있어야 완전히 새로운 삶이 시작되거든요."

가족과 이별할
때가 되었을 때

함께 자란 사람들 사이의 유대는 신축성 좋은 고무줄과 같다. 한참 늘어날 수 있는 것이다. 지구 반대쪽으로 가서 살고 있다 해도 연결은 유지된다. 무슨 일이 생기면 고무줄이 당겨지며 당신을 집으로 부른다. 전화나 인터넷이 있지만 그래도 때로는 서로를 어루만지고 싶을 때가, 굳이 많은 말을 할 필요 없이 함께 한 공간에 앉아 있고 싶을 때가 있는 법이다. 결혼식이나 아이 출생, 이혼이나 질병 등의 상황에서 서로가 어떻게 느끼고 있는지도 잘 안다. 그럴 때 가족은, 평소 아무리 만나지 못했다 해도, 갑자기 중요성을 드러낸다. 가족은 당신이 선택해 맺어진 사람들이 아니다. 그저 가족으로 주어졌을 뿐이다. 당신은 가족 구성원이 각각 어떤 그릇과 노래를 좋아하는지, 강점과 약점은 무엇인지 등을 다 알고 있다.

부모님이 당신을 키워준 방식에서 생겨난 친밀감도 존재한다. 어린 시절을 보내면서 당신은 다른 가족들에 적응해야 했다. 형제자매의 피할 수 없는 갈등 속에서 싸움을 벌여야 했다. 누가 탁구 대회 우승자가 될 것이며 누가 다이빙대에서 제일 먼저 뛰어내릴 것인가? 맏이로서 당신은 무엇이든 제일 먼저 제일 잘하는 사람이 되고 싶었다. 그렇게 형제자매는 함께 성장했다. 오늘날까지도 형제자매 사이에 날카로운 대립과 싸움이 벌어질 수 있다. 마음과 달리 벌컥 흥분하기도 하고 한 명이 그저 못마땅하기도 할 것이다. 민감한 부분은 여전히 민감하게 남아 있다. 친구와 그렇게 부딪쳤다면 두 번 다시 보지 않겠지만 형제자매는 설사 잠시 거리를 둔다 해도 결국은 당신 삶에 남는 존재이다. 이는 어느 가족에서든 마찬가지다. 친밀하게 지내는 형제자매라 해도 건드리지 않고 놔둬야 할 문제들이 있다. 그래서 평화를 위해 정치 논쟁은 접어두고 대신 최근에 본 영화 이야기를 선택해야 할 때도 있다. 그러다 보면 어린 시절 방에 붙여두었던 영화배우 포스터로 화제가 넘어갈지도 모른다.

때로는 거칠게 때로는 부드럽게 이어지는 형제자매 관계는 삶에서 가장 오래, 심지어 부모와의 관계나 자식과의 관계보다도 더 길게 이어진다. 성인이 되고 나면 어렸을 때 주어졌던 상황을 선택할 수 있게 된다. 형제자매가 당신의 내면 깊이 들어오도록 허락할 것인가, 말 것인가? 생일 등 가족 행사 때나 만날 것인가, 아니면 가족 유대에 우정까지 더할 것인가? 형제자매와의 친밀한 관계는 삶을 대단히 풍요롭게 만든다. 우리가 인터뷰했던 한 여성은 이렇게 말하기도 했다. "제 여동생은 저보다 1년 반 늦게 태어났어요. 결혼도, 첫 출산도 저보다 1년 반이 늦었지요. 우리는 손을 꼭 잡고 인생길을 함께 헤쳐 가고 있습니다." 소파에서 학교에서 동생들에게 오랫동안 그렇게 손을 내밀지 않았는가? 어렸을 때는 나이 차이가 아주 많아 보였지만 일단 어른이 되고 나면 그건 아무것도 아니다. 물론 누가 맏이고 누가 막내인지는 절대로 잊지 않겠지만 말이다.

누구든 마지막 날을 맞게 된다

가족 중 누가 세상을 떠나는 상황이 오면 가장 가까운 사람들이 모인다. 누구든 그 가장 가까운 사람들을 알아볼 수 있다. 마지막 순간에는 그 사람들만이 곁을 지킨다. 심지어는 배우자들조차 거기 끼기 어렵다. 함께 자란 사람들만이 가장 중요해지는 것이다. 역사를 오래 공유하며 서로 알아온 사람들이 핵심이다. 당황스러웠던, 눈물 흘릴 정도로 웃어댔던 순간에 대한 기억이다. 이 삶의 유대는 이제 자체의 생명력을 지닌다. 감정이 가장 격한 순간에 가까이 두고 싶은 것은 바로 그 사람들이다. 비록 평생 썩 잘 어울리지 않았던 사람이라 해도 화해하게 되는 순간이다. 죽음은 때가 된 사람을 거두어가지만 동시에 남은 사람들을 더 단단히 묶어주기도 한다. 죽어가는 사람을 사랑으로 감싸고 마음을 전하는 것만이 중요하다. 가족 구성원들은 그 과정에서 나름의 역할을 담당한다. 이상적으로는 당신이 모두에게 할 일을 주고 이끌 수 있다. 누군가는 농담으로 분위기를 가볍게 만들려고도 할 것이다.

아버지나 어머니의 부고에 자식들 이름이 올라갈 때 맏이는 제일 위쪽을 장식한다. 막내는 마지막이다. 부모님의 삶에 가장 먼저 들어간 존재이고 가장 오래 함께한 존재가 당신이기 때문에 그렇다. 동생들과 나이 차가 많다면 동생들은 말로만 들었던 부모의 삶을 당신만 공유했을 수도 있다. 맏이로서 당신은 열 살 어린 동생보다 부모님과 삶을 더 오래 공유했다는 점을 감사하게 여길 것이다. 이는 당신과 부모님의 관계를 한층 깊게 만들고 오래된 상처를 치유하며 부모님을 인간으로서 바라볼 수 있도록 한다. 부모가 나이 들면서 당신이 사회에서 맡은 역할이 생기고 서로의 관계가 변화한다. 부모는 은퇴하는 반면 당신은 선택한 직업에서 한창때를 맞는다. 부모가 아주 늦은 나이까지 생존하여 보살펴드려야 한다면 당신은 부모님을 자식처럼 느끼기 시작할 수도 있다.

부모님이 모두 세상을 떠나신 후 남은 가족 관계가 유지되도록 하는 것은 맏딸인 당신의 몫이다. 모두를 함께 모으는 새로운 균형과 리듬을 찾아내야 하고 서로의 삶을 공유해야 한다. 형제자매들을 하나로 묶을지, 맏이에게 돌아오는 그 역할을 포기해버릴지는 당신의 선택이다. 가족 중 다른 누군가가 맏이인 당신을 제치고 중요한 역할을 하도록 맡길 수 있을까? 전체를 위한 책임을 지고 전보다 더 크게 가족에 기여할 것인가? 당신을 자랑스럽게 여기던 아버지는 이제 없다. 무조건적으로 사랑해주던 어머니도 없다. 인생길을 함께 걷는 형제자매들뿐이다. 평생 동안 알고 지낸 그 사람들에게 어떤 일이 일어나는지 당신은 여전히 궁금하고 관심이 많다. 동생들도 똑같이 맏이에게 관심이 많다.

우피 골드버그는 뮤지컬 〈시스터 액트Sister Act〉의 런던 공연 때 미국의 어머니가 쓰러졌다는 연락을 받았다. 그리고 당장 미국으로 돌아왔다. 골드버그와 남동생은 크게 상심했다. 어머니를 여읜 후 토크쇼에 출연한 골드버그는 이렇게 말했다. "어머니가 우리 어머니여서 정말 운이 좋았어요. 함께 멋진 시간을 보냈기 때문에 슬프진 않죠. 가끔은 누가 어머니처럼 나를 사랑해줄까 하는 생각이 들 때면 서글프지만 남동생이 위로가 되어요. 우리 남매도 서로를 몹시 사랑하니까요." 안타깝게도 5년 후 골드버그는 남동생도 떠나보냈다.

죽음을 피할 방법은 없다. 누구든 마지막 날을 맞게 된다. 그날이 오기 전까지는 형제자매와 물리적 감정적으로 가까운 관계를 유지할 수 있다. 멀리 떨어져 있더라도 가족은 영원히 가족이다. 가족이라는 춤의 무대에서 자칫하면 상대의 발을 밟을 수 있다. 나름의 리듬에 맞춰 춤을 추다가 갑작스럽게 다가온 사람과 세계 부딪치기도 한다. 화가 나서 돌아보지만 의도적으로 부딪쳐온 것이 아님을 알게 된다. 서로 대립하는 것이 아니라 서로를 위해 존재한다는 데 아직도 확신이 없는가? 상대에게 눈을 찡긋해 보이고 다시 춤을 계속 쳐라. 맏딸만의 리듬에 맞춰서 말이다.

서로를 아주 잘 아는 사람들

최근 나는 어머니와 동생들에게 막내 남동생을 만나러 가자고 두 번이나 제안했다. 막내는 오래전에 네덜란드를 떠나 미국에서 살고 있다. 첫 번째 제안은 막내의 쉰 번째 생일을 앞둔 때였다. "깜짝 방문해 축하를 해주면 어때?" 남동생은 일 때문에 바쁘다며 투덜거렸다. 여동생은 군말 없이 일정을 조정했다. 86세인 어머니는 대서양을 횡단하는 여행에 적극적인 참여의지를 보이셨다. 결국에는 남동생도 합류했다.

굳이 말을 하지 않고도 저절로 업무 분담이 이루어졌다. 나는 막내 남동생의 파트너에게 연락을 취했다. 당사자에게는 전혀 알리지 않은 채 나타날 작정이었던 것이다. 남동생은 미국의 호텔을 예약하고 넉넉하게 큰 차도 빌려두었다. 여동생은 어머니가 여행하시는 데 필요한 준비를 했다. 출발하는 날 아침 일찍 공항에 나갔더니 어머니와 여동생이 카페에 앉아 있었다. 동생은 벌써 출국장에 나간 후였다. 비행기에서도 남동생은 우리와 따로 앉았다. 하지만 막상 도착한 후에는 즐거운 모습으로 호텔까지 차 운전을 해주었다. 우리는 신속하게 옷을 갈아입고 눈길을 뚫고 식당으로 갔다. 어머니가 제일 먼저 들어갔다. 막내는 자기 눈을 믿지 못하겠다는 듯 입을 벌리고 어머니를 바라보았다. 우리는 다 함께 소리 내 울기 시작했다. 물리적으로 떨어져 지낸 탓에 우리 얼굴을 몰랐던 막냇동생의 아이들은 그래도 당장 우리 무릎에 앉으려 했다. 네덜란드 시간으로 새벽 두 시였지만 어머니는 여전히 환한 얼굴로 막내를 '우리 아가'라 부르며 대화에 참여하셨다. 우리는 며칠을 함께 보내며 예전 농담을 되살리고 익숙한 방식으로 서로를 놀렸다. 옛날 노래를 함께 부르기도 했다. 막내가 태어나기 전까지 함께 자란 손위 셋이 이토록 쉽게 막내의 삶에 끼어들 수 있다는 점이 신기했다. 감히 상상도 못하던 온갖 질문을 막내에게 던지는가 하면 가차 없이 비판하기도 했다. 높은 곳에서 막내의 삶을 내려다보며 뻔뻔스럽게 휘젓기라도 하는 듯, 막대로 개미굴을 들쑤시는 아이라도 되는 듯 말이다. 막내는 "여기 삶은 달라. 이해 못 할 거야."라며 항변했다.

같은 해 8월 막내가 갑자기 결혼 소식을 알려왔다. 나는 다시금 제안했다. "미국에 갑시다." 그러자 남동생은 또다시 일 때문에 바쁘다고 투덜거렸다. 하지만 미국에서 공부하는 자기 딸을 방학 중에 만날 수 있으리라는 것을 깨닫고 마음을 바꾸었다. 여동생 부부도 함께 가기로 했다. 어머니는 또다시 온 가족이 모일 기회가 생겼다고 기뻐하셨다. 나는 선물을 준비하느라 바빴다. 남동생이 호텔과 차를 예약했다. 여동생은 어머니의 출발 준비를 맡았다. 다들 결혼 축사는 내가 할 것이라 여겼다. 고맙게도 우리는 서로를 아주 잘 알고 있었던 것이다.

맏딸들의 성장과 치유를 위한
네 가지 연습

이 책을 위해 우리는 근거이론을 사용해 연구를 진행했다. 가설을 세우고 증거를 찾는 대신 여러 연령대의 맏딸들과 대화하면서 데이터를 수집하고 그 자료를 분석해 유형을 찾아내는, 상대적으로 새로운 방법론이다. 이런 방식의 연구에서 나오는 이론은 말 그대로 삶에서 나오는 것이다.

연구는 2014년 봄 맏딸의 날 행사를 조직하는 것으로 시작되었다. 네덜란드 전역에서 100명이 넘는 여성들이 찾아왔다. 행사가 시작되자마자 참석자들은 친밀하고 솔직한 대화를 시작했다. 행사 진행 봉사자들(이들 역시 맏딸들)이 놀랄 정도였다. 그 하루 동안 우리는 엄청난 자료를 모았다. 연구 모델이 있긴 했어도 굳이 학술적 연구의 형식을 취하지는 않았다. 그날 행사를 창의적으로 준비해준

레네케 알베르스Lenneke Aalbers와 파멜라 반 덴 베르크Pamela van den Berg에게 감사한다. 이 두 사람이 만든 연습 네 가지를 아래에 소개한다. 이를 통해 우리 연구를 파악할 수 있고 독자들 스스로를 점검할 기회도 얻게 될 것이다.

1. 가족 망

우리는 다양한 형태의 가족 출신이다. 맏딸이라는 유리한 입장에서 당신은 가족들을 어떻게 보고 있는가? 당신에게 중요했던, 혹은 지금까지도 중요한 친척들은 누가 있는가? 이 연습을 통해 여러 가족 구성원들과의 관계를 파악하고 평가해보라.

1단계

종이 한 장과 펜을 꺼내라. 잠시 당신이 자라난 가족에 대해 생각해보라. 종이 가운데쯤에 당신 이름을 적어라. 여기서부터 가족 관계를 그려나갈 것이다. 부모님의 이름을 원하는 위치에 적어라. 당신 이름과 가까운 곳일 수도 있고 조금 떨어져 있을 수도 있다. 부모님 두 분의 이름 또한 서로 가까이 붙어 있을 수도, 상당히 거리를 두고 있을 수도 있다. 당신이 적당하다고 판단하는 곳에 쓰면 된다. 이어 형제자매들의 이름도 적당한 위치에 써라.

이런 식으로 계속하여 가족 지도를 만들어나가라. 대가족이나 재혼 가족, 입양 가족도 얼마든지 가능하다. 지금은 돌아가셨더라도 중요했던 가족 구성원이 있다면 적어 넣자. 다음으로는 현재 삶에서 소중한 가족의 이름을 써보자. 이름들을 연결하는 줄을 그어보자. 당신을 중앙에 두고 가족들이 가깝게 혹은 멀게 배치된 거미줄 모양이 나타날 것이다.

2단계

가족 구성원들 사이에 연결선을 그었다면 그 유대감의 질을 평가할 차례이다. 각 사람들과의 관계에 대해 생각해보라. 특정한 사람을 떠올렸을 때 어떻게 되는가? 눈살을 찌푸리는가, 아니면 미소를 짓게 되는가? 그 사람과의 연결선 위에 관계를 특정 짓는 단어를 하나씩 써 넣어라. 그 관계가 주는 느낌도 평가해보자. 스마일, 별, 플러스, 마이너스, 햇빛과 구름 같은 기호도 좋고 점수도 좋다. 이 모두는 철저히 당신의 관점이다. 그 사람과의 경험이 어땠나? 그 사람은 당신에게 어떤 의미로 존재하는가?

3단계

눈을 가늘게 떠 시야를 흐리게 하고 가족 망을 바라보자. 예상 밖의 무언가가 보이는가? 당신 상황을 모르는 이에게 이 그림으로 설명을 한다고 생각해보자. 누구를 가장 먼저 언급하겠는가? 두 번째는? 세 번째는? 왜 그런 식으로 이어지는지 설명할 수 있는가?

첫 째 딸 로 태 어 나 고 싶 지 는 않 았 지 만

4단계

이제 입장을 바꿔볼 차례이다. 가족 망 속의 다른 사람이 되어 그 입장에서 당신에 대해 생각해보라. 당신과의 관계를 어떻게 표현할 것 같은가? '이 사람은 나에 대해 _____라고 말할 것이다.'라는 문장을 만들어보아라.

5단계

다른 가족 입장이 되어 쓴 표현을 살펴보라. 어떤 점이 눈에 띄는가? 가장 중요한 표현은 무엇인가? 예상 밖의 답변은? 유형을 찾을 수 있는가? 미소 짓게 만드는 지점은? 제삼자에게 사람들이 당신을 어떻게 인식하는지 설명해야 한다면 어떻게 하겠는가? 한 단어로 표현해야 한다면?

2. 핵심적 선택

우리는 아주 어린 나이부터 크고 작은 선택을 한다. 돌이켜보면 우리가 어떤 사람인지 알려주는 선택도 있고 이후의 삶에 핵심적이었던 선택도 있다. 다음 질문에 답할 때는 너무 깊이 생각하지 말고 빠르게 답을 써라. 머릿속에 처음 떠오른 내용을 쓰면 된다. 이를 통해 당신의 삶을 만들어온 선택들이 모습을 드러낼 것이다.

어린 시절

- '명절' 혹은 '학교에 가지 않은 날'에 대한 첫 기억을 떠올려보라. 그때 무엇을 하는 것을 제일 좋아했는가?
- 집에서는 무엇을 하는 것을 제일 좋아했는가?
- 하기 싫지만 그래도 했던 일은 무엇인가? (해야 했기 때문일 수도, 남들의 기대를 외면하지 못했을 수도 있다.)
- 가족 중 누구를 제일 좋아했는가? 좋아했던 이유를 써보자.
- 학교에서는 어느 선생님을 제일 좋아했는가? 이유는 무엇인가?

십 대 이후

- 십 대 때 제일 친한 친구는 누구였나? 왜 그 친구와 제일 친했나?
- 지금 제일 친한 친구는 누구인가? 왜 그 친구와 제일 친한가?
- 학교 가는 것과 자유 시간 보내는 것 중에 선택할 수 있다면 어느 쪽이었을까? 무엇을 하는 것을 제일 좋아했는가?
- 어떤 옷 입는 것을 제일 좋아했는가? 입고 싶지 않았던 옷은 무엇인가? 부모님이 옷을 갈아입으라고 했을 때 어떻게 했는가?
- 제일 좋아했던 선생님(교수님)은 누구인가? 왜 그렇게 좋아했나?
- 어떤 교육(직업)을 선택했는가? 혹은 선택할 수 있었는데 하지 않았는가? 그 선택 과정에서 무엇을 고려했는가?
- 첫 번째 직업은 무엇이었나? 스스로 선택한 직업인가? 두 번째와 세 번째는 어떤가?

- 삶에서 가장 어려웠던 선택은 무엇인가?
- 삶에서 가장 중요했던 선택은 무엇인가?
- 가장 자랑스럽게 여기는 선택은 무엇인가?

답을 다 쓰고 나면 유형이 드러날지도 모른다. 예상치 못한 답변이 있는가? 감정이 뭉클했던 질문이 있는가? 왜 그랬는가? 지금이라면 달라질 선택이 있는가? 여전히 스스로 용서하지 못하고 있는 선택은 무엇인가? 맏딸로서 하게 된 선택은 무엇인가?

3. 맏딸임을 깨달은 순간

늘 맏딸임을 인식하고 살아온 사람이 있는가 하면 성장하면서 서서히 맏딸임을 깨달은 사람도 있다. 가족 상황의 급작스러운 변화에 여전히 적응하는 중일 수도 있다. 당신은 어떤가? 자신이 맏딸임을 깨닫게 된 핵심적인 순간은 언제인가? 그 깨달음은 당신과 당신의 삶에 어떤 영향을 주었는가?

1단계

이 연습을 위해서는 동심원 그림이 필요하다. 돌멩이를 물에 던졌을 때 나타나는 파문과 비슷하게 동심원을 그리고 잠시 바라보자. 자신이 맏딸임을 깨닫게 된 순간이 언제인지 내면으로부터 찾아보자. 우선은 조용히 앉아 있도록 한다.

심호흡을 하고 자신이 맏딸임을 깨달은 시점의 기억을 떠올려보자. 어렸을 때일 수도 최근의 어떤 사건일 수도 있다. 제일 안쪽 원에 그 깨달음을 표현하고 당시 나이를 써 넣자.

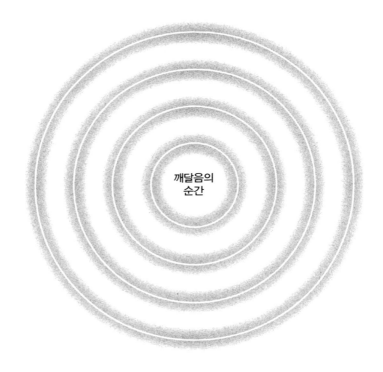

2단계

다음 원에는 맏딸임을 깨달은 순간에 일어났던 일을 간단히 쓴다. 내면에서부터 주변 상황으로 살짝 이동하는 것이다. 무슨 일이 있었나? 그 깨달음의 순간에 함께 있었던 사람은 누구인가?

3단계

이제 자신에게 집중하자. 그 순간은 당신에게 어땠나? 어떤 느낌이었나? 내면의 인식은? 그다음 원에 당시의 느낌과 감정을 써본다. 그 시점의 느낌을 드러내는 단어나 표현을 써보자.

4단계

그다음 원에는 당신 자신이 스스로에게 했던 말을 써본다. 그때 얻은 교훈은 무엇인가? 그 순간을 어떻게 기억하고 있는가?

5단계

마지막으로 그때의 자신을 다정한 시선으로 바라보자. 그때의 자신에게 지금 뭐라고 말해주고 싶은가? 무엇을 알려주고 싶은가? 지금의 당신 입장에서 말해보자. 동심원 바깥쪽에 그 말을 써본다. 그건 향후에 지금의 자신에게 해주고 싶은 말일 수도 있다.

4. 특징 찾아내기

우리 모두 강점과 약점을 지닌다. 맏딸에게 전형적인 특징이 존재한다고 생각하는가? 한때 자랑스러웠지만 이후 싫거나 부끄러워진 특징들도 있는가? 맏딸의 날 행사 참석자들은 이들 질문에 답했다. 우리는 거기서 얻은 내용을 이 책에 정리해 소개했다. 독자인 당신도 스스로 이 연습을 하고 싶을 수 있다. 두세 명이 모여서 답해본다면 자신의 모습이 더 잘 드러날지 모른다. 당신이 솔직해질 수 있는 상대라면 친구든, 자식들이든, 배우자든 다 좋다. 완벽한 사람은 없다. 맏딸도 마찬가지다.

1단계

1단계는 당신이 지닌 강점 세 가지를 밝히는 것이다. 종이와 펜을 준비하자. 가능하다면 세 가지 색깔의 포스트잇 메모지면 더 좋다. 강점이라는 뜻으로 한쪽 끝에 커다랗게 '+' 표시를 해도 좋다. 다음 빈칸을 채워보자. 너무 오래 생각하지는 말고 즉각적으로 답하라. 솔직함이 중요하다. 다음 쪽에 제시한 강점들, 맏딸의 날 행사에서 나온 목록을 참고해도 좋다.

다음 문장을 완성해보자.

- 초등학생 시절, 사람들은 내가 _____라고 말했다.
- 어려운 상황이 닥치면 나는 _____인 모습이 된다.
- 나는 자신이 _____인 것이 자랑스럽다.

일단 문장이 완성되었다면 잠시 멈추자. 혼자서 이 연습을 했다면 왜 그 특성이 떠올랐을지 궁금해질지 모른다. 겸손해질 필요는 없다. 있는 그대로 자신을 드러내는 것이 좋다.

다른 사람과 함께 이 연습을 했다면 선택된 특성에 대해 이야기를 나누면서 생각을 확장할 수 있다. 관련해 떠오른 이야기를 5분 동안 해보자. 더 이상 무슨 말을 해야 할지 모르는 순간, 그때가 어쩌면 진정한 자기를 발견할 기회인지도 모른다.

예시

다음은 만딸의 날 행사 때 만딸들이 말해준 강점 목록이다. 여기서 하나를 골라야 한다는 뜻은 전혀 아니니 자유롭게 생각해보자.

많은 일을 처리할 수 있다	생기 있다
실천력이 있다	충실하다
야망이 있다	사랑이 넘친다
분석적이다	경청한다
진실하다	깊게 생각한다
명석하다	다채롭다
보살핀다	개방적이다
유쾌하다	긍정적이다
중재한다	조직적이다
의사소통을 잘한다	독창적이다
양심적이다	열의에 넘친다
만족한다	꾸준하다

창의적이다	긍정적이다
현실적이다	강력하다
의지가 강하다	실용적이다
공감을 잘한다	순수하다
열정적이다	편안하다
단호하다	기댈 만하다
다정하다	조용히 즐긴다
시각이 넓다	사교적이다
남을 잘 돕는다	해결지향적이다
솔직하다	즉각적이다
유머 감각이 있다	안정적이다
이상적이다	에너지가 넘친다
독립적이다	강인하다
혁신적이다	밝다
불의에 굴복하지 않는다	믿을 수 있다
즐거워한다	이해를 잘한다
크게 볼 줄 안다	균형이 잡혀 있다
남을 구해준다	

2단계

이제 반대 방향으로 가보자. 누구나 그렇듯 당신에게도 단점과 약점이 있다. 이제 그 점들을 살펴보자.

새로운 종이를 준비한다. '−' 표시를 해도 좋다. 스스로 그리 달 갑지 않은 자신의 특성에 주의를 집중하라. 얼마간 시간을 들여 생 각하는 것은 좋지만 너무 오래 생각하지는 말고 떠오르는 대로 써 라. 솔직하게 쓰자. 부끄럽다는 생각이 들어도 괜찮다. 앞서 했던 것과 마찬가지로 다음에 나오는 특성 목록을 참고해도 좋다.

다음 문장을 완성해보자.

- 정말 짜증 나는 나 자신의 특징은 ＿＿＿＿＿＿＿이다.
- 남들은 때로 내가 ＿＿＿＿＿＿＿라고 한다.
- 어려운 상황이 닥치면 나는 ＿＿＿＿＿＿＿게 되곤 한다.

혼자서 이 연습을 했다면 왜 그 특성이 떠올랐을지 잠시 생각을 해보라. 수치심을 느낄 필요는 없다. 누구에게나 약점은 있는 법이다. 다만 약점을 끄집어내보면 변화가 생길 수도 있다. 마음을 열어놓는다면 더욱 그럴 것이다.

다른 사람과 함께 이 연습을 했다면 함께 이야기를 나누고 싶어질지도 모른다. 서로 비밀 유지 약속을 하라. 제삼자에게 약점이 노출되는 상황은 없어야 한다. 약점을 공개하는 자리라고 꼭 무겁고 진지하게 대화해야 하는 것은 아니다. 너무 의식하지 말고 이야기해보자. 각자 5분씩 돌아가면서 이야기를 하고 경청한다. 말문이 막히는 순간이 오면 열린 마음으로 돌려 말해보자. 더 깊은 말이 나올 것이다.

예시

다음은 맏딸의 날 행사 참석자들이 말해준 약점 목록이다. 중복되거나 잘 이해되지 않는 표현이 있을 수도 있다. 이 목록은 남들이 생각해낸 자기 약점이 어떤 것인지 참고하는 용도이다. 훑어보다 보면 자신의 약점을 더 잘 나타내는 표현이 떠오를 수 있다.

버럭한다	불만족한다
늘 남을 의식한다	거리를 둔다
늘 남을 보살피려 한다	지배적이다
화를 낸다	감정적이다
무심하다	회피한다
먼저 공격한다	남들에게서 너무 많이 기대한다
먼저 저질러버린다	열광적이다
너무 오랫동안 남을 봐준다	실망한다
말이 많다	무시당한다고 느낀다
욕을 한다	'No'라고 답하지 못한다
힘에 닿지 않는 일을 덜컥 벌인다	성격이 고약하다
통제하려 든다	우울하다
조심스럽다	망설인다
혼란스럽다	뒤로 물러선다
모순된다	보고 싶지 않은 것은 무시한다
관리하려 든다	참을성이 없다
괴팍하다	충동적이다
비판적이다	속마음을 드러내지 않는다
냉소적이다	불안정하다
짜증을 낸다	참을성이 없다
시기한다	내성적이다
판단을 내리려 한다	모든 것에 책임을 지려 한다

첫 째 딸 로 태 어 나 고 싶 지 는 않 았 지 만

모든 것을 감시한다
다 아는 척한다
움직임이 빠르다
간섭한다
정리가 안 된다
얌전하다
잔소리한다
순진하다
만족을 모른다
진심을 말하지 않는다
고집을 부린다
공황 상태이다
완벽주의다
다루기 힘들다
자기 기준이 있다
원칙적이다
일을 미룬다
이성적이다
포기하지 않는다
놓아버리지 않는다

딱딱하다
자아비판을 한다
자기 파괴적이다
자기 희생을 한다
죄의식을 가진다
진지하다
엄격하다
자신을 배려하지 않는다
딱딱하다
주장이 세다
감시자 역할을 한다
너무 쉽게 책임을 진다
너무 직접적이다
쉽게 부담을 떠맡는다
협상을 못 한다
빡빡하다
너무 많은 것을 원한다
최종 확인을 받고 싶어 한다
모두를 조종하려 한다

3단계

이제 당신의 강점과 약점이 정리되었다. 다음 질문을 바탕으로 조금 더 깊이 생각해볼 차례이다.

- 무엇이 특징적인가?
- 의외의 결과는 무엇인가?

- 미소 짓게 만든 부분은?

- 처음에는 어떤 결과를 기대했나?

위 질문의 답변을 보면서 내면에서 떠오르는 느낌과 기억, 생각들과 가만히 대면하고 싶어질 수도 있다. 다른 사람과 함께 연습을 했다면 결과를 공유하기 전에 혼자 시간을 좀 갖고 싶을지도 모른다.

당신이 꼽은 강점과 약점을 앞서 제시한 맏딸의 날 참석자들의 답변과 비교해보자. 동질감을 느낄 수도 있다. 맏딸들에게는 생각보다 공통점이 훨씬 많은 법이다.

맏딸들의 삶을 다룬 책

Thrive (2014), Arianna Huffington

Yesterday, Today, Tomorrow: My life (2014), Sophia Loren

Lean In (2013), Sheryl Sandberg

I Am Malala (2013), Malala Yousafzai with Christina Lamb

Dot Complicated (2013), Randi Zuckerberg

Battle Hymn of the Tiger Mother (2011), Amy Chua

Nothing Holds Back the Night (2011), Delphine de Vigan

My Father's Daughter (2011), Gwyneth Paltrow

Madam Secretary (2003), Madeleine Albright

Erstgeborene (2000), Jirina Prekop

Memoirs of a Dutiful Daughter (1958), Simone de Beauvoir

어린이 책

The Baby Swap (2013), Jan Ormerod (with pictures by Andrew Joyner)

My Firstborn, There's No One Like You (2004), Dr. Kevin Leman & Kevin Leman II

그 밖의 문헌

'Why First-Born Kids Do Better In School' (2015), V. Joseph Hotz
*http://www.slate.com/articles/double_x/doublex/2013/10/birth_order_and_
school_performance_first_borns_do_better_in_school_because.html*

*'The Science of Superiority: Why The Firstborn Child Is The Smartest One'
(2015)*, John Haltiwanger
*http://elitedaily.com/life/culture/firstborn-children-are-more-
intelligent/874899/ (Jan. 5, 2015)*

Do Fathers Matter? (2014), Paul Raeburn

'Sibling Configurations, Educational Aspiration and Attainment' (2014),
Feifei Bu
https://www.iser.essex.ac.uk/publications/working-papers/iser/2014-11.pdf

Daring Greatly (2012), Brené Brown

Birth Order (2011), Linda Blair

The Sibling Effect (2011), Jeffrey Kluger

The Secret Power of Middle Children (2011), Catherine Salmon and Katrin
Schumann

The Gifts of Imperfection (2010), Brené Brown

The Idle Parent (2009), Tom Hodgkinson

Strangers in a Strange Lab (2009), William Ickes

You Were Always Mom's Favorite! (2009), Deborah Tannen

The Birth Order Book of Love (2008), William Cane

The Firstborn Advantage (2008), Kevin Leman

'Sibling Relations and Their Impact on Children's Development' (2006),
Nina Howe, PhD and Holly Recchia, MA
http://www.enfant-encyclopedie.com/pages/PDF/Howe-RecchiaANGxp.pdf

Constructing Grounded Theory (2006), Kathy Charmaz

Mother-Daughter Wisdom (2005), Christiane Northrup

Why First-Borns Rule the World and Last-Borns Want to Change It (2003), Michael Grose

What a Difference a Daddy Makes (2000), Dr. Kevin Leman

Birth Order Blues (1999), Meri Wallace

Love's Hidden Symmetry (1998), Bert Hellinger with Gunthard Weber and Hunter Beaumont

Separate lives: Why Siblings Are So Different (1990), Judy Dunn and Robert Plomin

Birth Order & You (1990), Dr. Ronald W. Richardson and Lois A. Richardson

'The beginnings of social understanding' (1988), Judy Dunn

The Birth Order Book (1985), Dr. Kevin Leman

Family Ties That Bind (1984), Dr. Ronald W. Richardson

Born To Rebel (1977), Frank J. Sulloway

The Managerial Woman (1976), Margaret Hennig and Anne Jardim

The Female Eunuch (1970), Germaine Greer

Birth Order and Life Roles (1969), Lucille K. Forer

Family Constellation (1961), Walter Toman

Brothers and Sisters (1958), Karl König

The Eldest Child (1957), Edith Neisser

The Education of Children (1930), Alfred Adler

옮긴이 **이상원**

서울대학교 가정관리학과와 노어노문학과를 졸업하고 한국외대 통번역대학원에서 석사 및 박사 학위를 받았다. 서울대 기초교육원에서 강의교수로 글쓰기 강의를 하고 있으며, 《적을 만들지 않는 대화법》, 《뇌는 어떻게 당신을 속이는가》, 《함부로 말하는 사람과 대화하는 법》 등 다수의 책을 우리말로 옮겼다. 저서로 《서울대 인문학 글쓰기 강의》가 있다.

첫째 딸로 태어나고 싶지는 않았지만

초판 1쇄 발행 2018년 9월 10일
초판 4쇄 발행 2019년 9월 23일

지은이 • 리세터 스하위테마커르, 비스 엔트호번
옮긴이 • 이상원

펴낸이 • 박선경
기획/편집 • 권혜원, 김지희, 한상일, 남궁은
마케팅 • 박언경
표지 디자인 • 엄혜리
제작 • 디자인원(031-941-0991)

펴낸곳 • 도서출판 갈매나무
출판등록 • 2006년 7월 27일 제395-2006-000092호
주소 • 경기도 고양시 일산동구 호수로 358-25 (백석동, 동문타워II) 912호 (우편번호 10449)
전화 • (031)967-5596
팩스 • (031)967-5597
블로그 • blog.naver.com/kevinmanse
이메일 • kevinmanse@naver.com
페이스북 • www.facebook.com/galmaenamu

ISBN 978-89-93635-01-0/03190
값 14,000원

• 잘못된 책은 구입하신 서점에서 바꾸어드립니다.
• 본서의 반품 기한은 2023년 9월 30일까지입니다.

이 도서의 국립중앙도서관 출판예정도서목록(CIP)은 서지정보유통지원시스템 홈페이지 (http://seoji.nl.go.kr)와 국가자료공동목록시스템(http://www.nl.go.kr/kolisnet)에서 이용하실 수 있습니다.(CIP제어번호: CIP2018026944)